101+1 PRINCÍPIOS PARA NÃO DESISTIR DO AMOR

101+1 princípios para não desistir do amor

1ª edição: Outubro 2025

Autor:
Lucas Scudeler

Preparação de texto:
Gabrielle Carvalho

Revisão:
Iracy Borges
Rebeca Michelotti

Projeto gráfico:
Luisa Tavares

Capa:
Rafael Brum

Foto de capa:
Bruno Karim

Impressão:
Plena Print

DADOS INTERNACIONAIS DE CATALOGAÇÃO NA PUBLICAÇÃO (CIP)

Scudeler, Lucas
101+1 princípios para não desistir do amor / Lucas Scudeler.
— Porto Alegre : Citadel, 2025.
240 p. : color.

ISBN 978-65-5047-691-5

1. Autoajuda 2. Relações humanas 3. Amor 4. Felicidade I. Título

25-4406 CDD – 158.1

Angélica Ilacqua - Bibliotecária - CRB-8/7057

Produção editorial e distribuição:

CITADEL Grupo Editorial
contato@citadel.com.br
www.citadel.com.br

101+1 PRINCÍPIOS PARA NÃO DESISTIR DO AMOR

LUCAS SCUDELER

CITADEL
Grupo Editorial
2025

DEDICATÓRIA

Aos que preferem o altar à plateia.
Aos que, mesmo quebrados,
responderam ao chamado.

PREFÁCIO **DO AUTOR**

Eu não escrevi este livro para te dar respostas. Escrevi para te deixar sem desculpas. Porque eu sei onde essa ausência que você sente começa – e sei onde ela termina: ela começa quando você se esconde; e termina quando você se reposiciona.

Você chegou até aqui achando que o problema era o outro. A ausência do outro. A traição, a confusão, a rejeição... Mas agora você sabe: a questão não era o outro. Era você – e o quanto você havia se esquecido de si.

Este livro não é sobre romance. É sobre altar. E altar é lugar de sacrifício, presença e consagração. Se você entender isso, não vai precisar que mais ninguém entenda.

Agora respire.

Levante a cabeça.

E vá viver tudo o que merece. Com verdade. Com coragem. Com o céu como testemunha.

Nos vemos na próxima travessia.

- Lucas Scudeler

ANTES **DE TUDO**

Você não precisa de mais respostas. Precisa parar de fugir do que já sabe.

Este livro não é para quem ainda precisa ser convencido. É para quem já entendeu, mas segue adiando a obediência.

Você diz que vive uma confusão. Mas no silêncio... já sabe. Sabe que aquilo que você chamou de amor era só ausência preenchida com urgência. Sabe que aquilo que você chamou de conexão era só a repetição elegante do mesmo problema.

Você já sabe que aquela "mais uma chance" já começou morta, sem vida. Sabe do cansaço de se diminuir e, mesmo assim, negocia com a parte de você que tem medo de se posicionar.

Este livro é o ponto onde essa negociação termina. Não é autoajuda. Não são fórmulas afetivas, truques de conquista ou textos bonitos. É um corte espiritual e uma aliança filosófica com a verdade. É um espelho sem maquiagem. É uma travessia escrita para que você se alinhe, nem que seja pela dor.

Aqui, você vai atravessar cinco portais sagrados para gerar transformação:

1. O Chamado – quando você para de fugir e responde ao que já despertou a sua atenção.
2. A Limpeza – quando você se permite sentir sem se perder e reconhece a dor como batismo.
3. O Posicionamento – quando você deixa de ser instável e se torna território.
4. A Escolha – quando você para de permitir que seu vazio interior guie sua busca e começa a discernir com o céu.
5. A Aliança – quando o amor deixa de ser emoção e se torna altar.

Fato é que você não precisa de mais conteúdo: precisa de um corte de tudo que você ainda sustenta mesmo sabendo que já morreu. Precisa de uma aliança com o novo, com o vivo.

Este livro não tem o objetivo de entreter, mas de provocar um reposicionamento.

E toda travessia verdadeira exige que algo errado em você... morra. Para que o certo possa, enfim, nascer.

PERGUNTA-SENTENÇA

Se o céu avaliasse hoje sua última escolha...
Ele a chamaria de fé? Ou a chamaria de fuga?

RITUAL **DE ENTRADA**

Pare tudo agora. Feche os olhos.
Respire fundo.

Sinta o seu corpo.

Observe o que você estava evitando encarar antes de abrir este livro. Agora, com voz firme e sem dramaticidade, leia:

"Eu me comprometo a parar de mentir para mim mesmo."

SELAGEM **ESPIRITUAL**

Que este livro não seja apenas texto, mas território.

Que não entregue truques, mas te devolva ao altar.

Se necessário, que te quebre apenas o suficiente para que o novo você surja.

Agora, sim, você pode seguir.

Mas não leia como quem consome. Leia como quem atravessa.

Porque, no fundo, você já sabe: você precisa atravessar.

INTRODUÇÃO

Isto não é um livro. É um altar disfarçado de páginas.

Você não está prestes a ler um manual. Está entrando num campo. Estas palavras não foram escritas para entreter, e sim para limpar.

Aqui não tem técnicas de conquista, truques de persuasão ou promessas de finais felizes. Aqui tem espada. Aqui tem altar. Aqui tem o que você já sabe, mas ainda não teve coragem de obedecer.

Fomos ensinados a buscar o amor como forma de salvação. Só que ninguém disse que o amor verdadeiro começa quando você para de pedir e começa a se posicionar – principalmente frente ao seu Criador.

Por isso, este livro não vai dar uma lista de passos, ele vai confrontar com 102 espelhos, princípios. Um para cada desculpa que você já usou para continuar escolhendo errado. Esses princípios foram forjados em um campo real – onde a teoria não vai sustentar você, e onde o Espírito não permite meias-verdades.

Você vai se irritar com vários. Vai resistir a alguns. Mas se você se permitir limpar por cada um, vai terminar este livro sem medo de estar sozinho – e pronto para nunca mais estar com alguém que aja com desonra.

Este livro não trata de amor romântico. Trata do amor como doutrina. Como estrutura. Como altar.

Se você chegou até aqui, já sabe: o seu coração não quer mais afeto. Quer direção.

E é isso que você vai receber. Com presença.

Com verdade.

Com fogo.

OS 101+1 PRINCÍPIOS

Cada um dos princípios que orientam esta jornada foi escrito como reflexo de uma verdade maior, um reflexo que irá tirar toda distorção ainda existente na sua visão do assunto em questão.

Essa correção da sua autoimagem, assim como da sua sabedoria, precisa passar por etapas subsequentes, até que o reflexo final se torne límpido e transparente e a verdade resplandeça como evidente por si só.

Quando você atravessar um princípio e ele for óbvio para você, saiba que essa sabedoria já foi adquirida em algum outro momento da jornada de sua vida, e que o mesmo sentimento deveria ser similar para todos os outros 101 princípios.

Entretanto, não é isso que irá acontecer. Alguns princípios lhe serão óbvios, outros indiferentes, desconfortáveis, chocantes, surpreendentes; e muitos serão bélicos. Esses posicionamentos pessoais e sentimentos atrelados a cada um deles são apenas as projeções das suas distorções pessoais por ainda não possuir retidão e clareza em relação aos princípios. Quanto mais afeto sentir ao cruzar um princípio, mais ele tem para lhe ensinar, podendo ser um grandioso professor para você.

Comprometa-se a atravessá-los e permita que eles atuem como retificadores da sua visão. Ao fim, todos se tornarão óbvios e evidentes em suas verdades.

Boa travessia, que Deus te acompanhe.

PRINCÍPIO A

Você não precisa estar inteiro.

Precisa estar disposto.

Você ainda está tentando juntar os cacos. Espera alcançar alguma forma de completude antes de dar o primeiro passo. Mas o céu nunca chamou os prontos. Chamou os quebrados que responderam.

Quem espera estar inteiro para começar ainda não entendeu que é a entrega – e não o acerto – que move o invisível. A ferida não te desqualifica. Mas o orgulho da espera, sim.

ANÁLISE

Você postergou decisões dizendo que precisava de mais tempo, mais cura, mais clareza. Mas o tempo que você chama de preparo é, na verdade, medo disfarçado de prudência. Você quer controle. Mas o chamado exige rendição.

DESCONSTRUÇÃO

Você não está parado porque está incompleto. Está parado porque quer garantir que não vai se expor. Só que não existe alinhamento verdadeiro sem desordem temporária. Não existe propósito sem colapso e morte da versão antiga.

RECONSTRUÇÃO

Você deve começar mesmo quebrado. Mesmo sem saber tudo. Mesmo sem sentir firmeza. Afinal, a resposta ao chamado não exige estrutura: exige apenas que você pare de se esconder atrás de um eterno "quase".

HÁBITO

Hoje, pare de dizer que "ainda não é o momento". Escolha uma ação, mesmo que mínima, que quebre o ciclo da espera.

Ore: "Senhor, eu não estou inteiro. Mas estou aqui. Molda-me enquanto eu caminho".

VERDADE OCULTA

A aceitação não chega ao completo, mas àquele que foi quebrado. É na fenda criada pelo ferimento que a luz encontra passagem.

"Pelo contrário, Deus escolheu as coisas que o mundo considera loucura para envergonhar os sábios, assim como escolheu as coisas fracas para envergonhar os poderosos."

– 1 Coríntios 1:27

PORTAL
O CHAMADO

O CHAMADO não começa aqui. Começou no dia em que sua alma gritou por algo que seu ego ainda não tinha coragem de obedecer.

Você não está aqui por curiosidade, e sim porque algo em você já não suporta mais assistir sua própria vida da plateia.

Você achou que precisava de amor, porém o que precisava de fato era de um altar.

Você disse que queria encontrar alguém, mas, no fundo, queria se reencontrar.

O chamado não é uma voz suave. É um colapso interno que exige que algo morra antes que tudo o que é certo possa nascer.

Se você chegou até aqui, não está começando uma leitura. Está encerrando uma era: a era da dúvida; a era da espera. A era das escolhas feitas com o vazio interior, e não com o céu.

Agora não tem mais volta: ou você atravessa, ou continua negociando com o que já foi removido espiritualmente.

Bem-vindo ao início da verdade. Não do amor que você idealizou, mas do amor que o céu autorizou – depois que você parou de fugir.

PRINCÍPIO 1

Pararam de te aguentar? Talvez você tenha se curado

Você parou de caber. Parou de se ajustar para ser amado. E de repente, começaram a dizer que você está diferente, difícil, grosso, arrogante. Porém, o que mudou não foi a sua bondade, foi o fim da sua passividade. Quando a cura chega, ela não deixa você se encaixar mais onde só cabia quando se encolhia.

ANÁLISE

Você começou a se posicionar, a manter sua palavra, a parar de sorrir por medo ou por simpatia. E isso incomodou quem só sabia te amar quando você se diminuía.

DESCONSTRUÇÃO

Desmonte a ideia de que ser amado é ser tolerado. O seu silêncio conivente sustentava relações que só sobreviviam na ausência de sua coragem.

RECONSTRUÇÃO

Quando a cura se manifesta, ela não pede licença. Ela varre, afasta e reorganiza. Às vezes, isso inclui quem se aproveitava da sua sombra.

HÁBITO

Anote três vínculos que só existem porque você evita confrontos. Releia em voz alta. Queime esse papel com intenção de libertação.

VERDADE OCULTA

Você não ficou insuportável. Só parou de se deixar em segundo plano.

"A verdade é como um leão; você não precisa defendê-la. Deixe-a solta, e ela se defenderá sozinha."

– atribuído a Santo Agostinho

PRINCÍPIO 2

A confusão não existe; você só está fingindo

Você já sabe. Mas dizer que “não tem certeza ainda” soa mais espiritual, mais cauteloso, mais respeitável. A verdade é que aquilo que você chama de dúvida é só o tempo que sua covardia pede para não assumir o que precisa romper.

ANÁLISE

Você protela decisões. Justifica com "estou orando", "preciso de mais sinais". Porém, a resposta já está clara. Só que ela dói e, por isso, você a posterga.

DESCONSTRUÇÃO

Desfaça-se do apego à ideia de que o tempo trará outras respostas. Não é o tempo que resolve, é a coragem de enfrentar o silêncio que virá depois da morte, seja ela simbólica ou não.

RECONSTRUÇÃO

O que você chama de dúvida é só o luto que está tentando evitar. E o preço do adiamento é a morte da sua paz.

HÁBITO

Escreva a frase que você tem repetido para fugir da decisão. Depois diga em voz alta: *"Essa frase é uma desculpa. Eu já sei disso".*

VERDADE OCULTA

Dúvida demais é só medo disfarçado de prudência.

"A integridade é fazer o que é certo mesmo quando ninguém está olhando."

– atribuído a C. S. Lewis

PRINCÍPIO 3

Você diz que quer amor, porém ainda ama a bagunça

Você diz que quer alguém que lhe traga paz, mas sua alma ainda procura a intensidade. Drama virou rotina emocional. Confusão virou prova de conexão. Você não quer amor, quer adrenalina com cheiro de romance.

ANÁLISE

Você está viciado na oscilação. Quando a vida está calma, você sente tédio. Quando alguém demonstra constância, você perde o interesse.

DESCONSTRUÇÃO

Desmonte a associação entre instabilidade e emoção. A confusão que você atrai é só reflexo de um mundo pessoal interno não resolvido.

RECONSTRUÇÃO

A paz não é ausência de vida. É solo fértil onde vínculos maduros podem florescer. É a fundação sólida dos grandes projetos.

HÁBITO

Toda vez que sentir falta do caos, escreva e reflita: *"Qual parte de mim ainda acredita que a paz não basta?"*.

VERDADE OCULTA

Você não quer amor, quer dopamina.

"O governo mais difícil é o governo de si mesmo."

– atribuído a Sêneca

PRINCÍPIO 4

Isso que você sente não é amor, é abstinência

O que consome você não é saudade, é fissura. Você não sente falta da pessoa, e sim da dependência afetiva que ela representava. Chamar de amor o que gera colapso é só mais uma forma de evitar ver que você está viciado.

ANÁLISE

O seu corpo está em crise. Você confunde a ausência do outro com a sua desorganização emocional.

DESCONSTRUÇÃO

Desmonte a ideia de que a dor confirma o amor. A dor confirma o apego. O amor verdadeiro jamais arranca você de si mesmo.

RECONSTRUÇÃO

O que vem de Deus, reorganiza antes de animar e, ao ir embora, não exige que você entre em crise.

HÁBITO

Fique 48 horas sem contato com a pessoa cuja ausência te aflige. Não troque mensagens, não a veja, não force lembranças. Observe o que emerge da distância e coloque no papel.

VERDADE OCULTA

Se o outro leva sua paz embora, é porque nunca foi amor. Foi anestesia.

"Onde está teu amor, aí está teu fim."

– São Tomás de Aquino

PRINCÍPIO 5

A sua vida amorosa mostra quem está no trono

Você diz que é guiado por Deus, mas suas escolhas afetivas são feitas pelo medo. Diz que espera direção do alto, mas ainda deixa migalhas de afeto guiarem suas escolhas. A vida amorosa é a radiografia do altar interno. E o que você ama secretamente governa tudo. O que você ama é aquilo pelo qual o seu coração vive; é onde a sua fé secretamente e verdadeiramente está.

ANÁLISE

Você romantiza o caos porque não suporta a possibilidade de esperar por algo limpo. Então, justifica escolhas ruins com frases religiosas.

DESCONSTRUÇÃO

Deixe de usar o espiritual para cobrir a carência emocional. Deus não está na bagunça que você insiste em chamar de teste.

RECONSTRUÇÃO

Suas escolhas são um culto. O que você sustenta em segredo é o que, de fato, governa você.

HÁBITO

Antes de qualquer aproximação emocional, pergunte-se: "Quem está escolhendo isso dentro de mim: o Espírito ou o medo de estar só?".

VERDADE OCULTA

Seu coração é um altar. E o seu relacionamento é o que você está adorando em silêncio.

"No interior do homem habita a verdade."

– Agostinho de Hipona

PRINCÍPIO 6

Suas escolhas denunciam você antes da sua fala

Você pode dizer o que quiser. Mas o que você vive, revela. A vida espiritual real não se mede por frases, e sim por coerência. Seu campo responde ao que você emite – não ao que você posta. Sua última escolha afetiva diz mais sobre o seu mundo interno do que todo o seu discurso.

ANÁLISE

Você diz que amadureceu, mas continua entrando em vínculos frágeis. Você prega consciência, mas escolhe e esconde carência.

DESCONSTRUÇÃO

Desmonte a autopromoção espiritual. A incoerência não é desvio – é denúncia.

RECONSTRUÇÃO

A transformação começa quando suas escolhas silenciosas se alinham com o que você ensina em voz alta.

HÁBITO

Liste as três últimas pessoas que você permitiu que estivessem emocionalmente próximas. Escreva o que cada uma revela sobre seu estado interno.

VERDADE OCULTA

Você não vive o que prega, e sim o que ainda tolera.

"As ações dos homens são os melhores intérpretes de seus pensamentos."

– John Locke

PRINCÍPIO 7

Se está custando sua paz, está caro demais

Você permanece onde está porque acha que amor exige sacrifício. Mas o que você está sacrificando é sua presença, sua lucidez, sua saúde. Nada que vem do céu exige sua fragmentação como condição para continuar existindo. O sacrifício deve ser sempre da sua sombra imatura, nunca da sua luz que vem do céu.

ANÁLISE

Você normalizou o desconforto crônico. Chama de maturidade o que é, na verdade, sobrevivência relacional.

DESCONSTRUÇÃO

Desmonte o orgulho de resistir. Amar não é aguentar qualquer coisa. É reconhecer quando acabou o acordo da verdade, do respeito e do diálogo.

RECONSTRUÇÃO

O que vem de Deus organiza. O que te desfigura é o que Ele nunca enviou.

HÁBITO

Liste: "O que tenho deixado morrer em mim para manter esse vínculo?". Leia em silêncio. Depois respire. E decida.

VERDADE OCULTA

Permanecer onde você se abandona é idolatria, não fidelidade.

"A fé é diferente da prova: esta última é humana; a primeira é um presente de Deus."

– Blaise Pascal

PRINCÍPIO 8

Você não tem medo de ficar só. Tem medo do que vai ouvir quando o barulho acabar

Você diz que teme a solidão. Mas a verdade é que teme o eco do próprio vazio. O silêncio revela – e isso assusta mais do que estar sozinho.

ANÁLISE

Você se distrai com contatos, conversas e promessas rasas. Tudo para evitar o encontro com sua real necessidade.

DESCONSTRUÇÃO

Desmonte a ideia de que precisa de alguém. Você não quer companhia, quer anestesia.

RECONSTRUÇÃO

A solidão sustentada com presença vira altar e se transmuta em solitude. E quem habita no altar não volta para a praça.

HÁBITO

Faça um jejum de 24 horas sem estímulo emocional: nada de mensagens, redes ou vínculos. Veja o que emerge.

VERDADE OCULTA

Deus fala no silêncio o que você vive tentando evitar.

"Toda a infelicidade dos homens provém de uma única coisa: não saberem permanecer em repouso, sozinhos em seu quarto."

– Blaise Pascal

PRINCÍPIO 9

Você não sente falta da pessoa. Sente falta do personagem que interpretava com ela

A dor que você sente é de si mesmo. Do personagem que construiu para caber. Do script que sustentou para que te amassem. A saudade, muitas vezes, é da ilusão.

ANÁLISE

Você acha que perdeu alguém especial. Mas perdeu foi a máscara confortável que vestia perto dessa pessoa.

DESCONSTRUÇÃO

Desmonte a idealização. O outro não era seu lar, ele era o palco da sua versão performática.

RECONSTRUÇÃO

Você pode continuar sendo a versão mais bonita de si, só que agora sem plateia, sem relação, sem personagem.

HÁBITO

Escreva: "Com essa pessoa eu fingia ser...". E depois: "Hoje, eu escolho ser...".

VERDADE OCULTA

A ferida não está na partida. Está na dissolução do personagem que você deixou morrer com ela.

"Conhece-te a ti mesmo."

– Inscrição do Templo de Delfos, adotada por Sócrates

PRINCÍPIO 10

O amor verdadeiro não encontra quem ainda vive tentando que o escolham

Você vive para agradar. Adapta-se, se molda, se oferece, se dobra. Mas o amor real não chega aonde ainda se vive em performance e drama.

ANÁLISE

Você quer que te amem, mas teme que não te escolham. Por isso, se reconfigura sem perceber.

DESCONSTRUÇÃO

Desmonte a lógica da validação. O amor verdadeiro não se interessa por versões projetadas, mas pela sua presença sincera.

RECONSTRUÇÃO

Quem não se abandona não precisa correr atrás de quem ainda não viu seu valor.

HÁBITO

Olhe no espelho e pergunte: "Se ninguém me escolher, ainda assim saberei quem sou?".

VERDADE OCULTA

Você só será visto de verdade depois de aprender a não se apresentar como produto.

"O homem não pode viver sem amor. Ele permanece para si mesmo um ser incompreensível, e sua vida é privada de sentido se não lhe for revelado o amor."

– São João Paulo II

PRINCÍPIO 11

Você chama de fé o que na verdade é apego misturado com oração

Você ainda diz que acredita, que está esperando em Deus... mas, no fundo, só não aceitou o fim. Insiste como quem ora, mas o que acaba movendo você não é a fé – é apego com verniz espiritual.

ANÁLISE

Você usa a fé como argumento para se segurar a algo que já terminou. Não está esperando – está implorando.

DESCONSTRUÇÃO

Desmonte a ilusão da persistência sagrada. O que exige esforço para continuar já foi removido espiritualmente.

RECONSTRUÇÃO

Fé não é insistência. Fé é rendição ao que Deus já comandou – sem precisar de explicação.

HÁBITO

Escreva e reflita: "Ao que estou tentando me segurar em nome da fé?". Depois diga: "Seja feita a vontade Daquele que me liberta".

VERDADE OCULTA

Deus não segura o que você insiste em chamar de esperança.

"A fé mostra a realidade daquilo que esperamos; ela nos dá convicção de coisas que não vemos."

– Hebreus 11:1

PRINCÍPIO 12

As possibilidades nas quais você se prende são só medo de fechar a porta que Deus já trancou

Você vive no quase. No “talvez”. Nas promessas recicladas. Mas o que você chama de complexidade é, muitas vezes, só medo do vazio que viria com a decisão.

ANÁLISE

Você diz que ainda sente algo, que não é tão simples. Mas tudo que você tem são resquícios emocionais e medo de romper com o afeto imaginado.

DESCONSTRUÇÃO

Desmonte a narrativa do "ainda não sei". Isso é só o ego tentando preservar uma história derrotada.

RECONSTRUÇÃO

Portas que Deus fechou não devem ser mantidas com trancas sentimentais que podem ser abertas a qualquer momento.

HÁBITO

Feche algo simbólico hoje: uma conversa pendente, um ciclo, uma memória. Honre o fim.

VERDADE OCULTA

A sua dúvida é o luto que você não quer viver.

"Tempo de derrubar, e tempo de construir."

– Eclesiastes 3:3b

PRINCÍPIO 13

Você se esforça para ser leve, só que carrega o peso de quem não sabe o que quer

Você tenta parecer fácil, fluido, leve. Mas está exausto tentando sustentar relações em que o outro não sabe o que quer. E chama isso de maturidade.

ANÁLISE

Você não está sendo leve. Está carregando o peso emocional do outro para não parecer "complicado".

DESCONSTRUÇÃO

Desmonte o orgulho de parecer fácil. Amor não exige se desintegrar para caber.

RECONSTRUÇÃO

Leveza real não é omissão. É firmeza com clareza.

HÁBITO

Escreva e reflita: "Com quem estou tentando parecer leve?". Depois pergunte: "Essa leveza está me custando o quê?".

VERDADE OCULTA

Ser leve com quem é vago é o caminho mais rápido para desaparecer.

"Ajudem a levar os fardos uns dos outros e obedeçam, desse modo, à lei de Cristo. Porque cada um de nós é responsável pela própria conduta."

– Gálatas 6:2,5

PRINCÍPIO 14

O problema não é o outro não te escolher, é você continuar oferecendo tudo sem que ninguém peça

Você entrega demais sem ser chamado. Oferece presença, cuidado, afeto – antes mesmo de saber se o outro quer. Você não oferece reciprocidade afetiva, o que chega a ser violência, por ser um afeto não requisitado. Apesar disso, acha a situação toda muito injusta.

ANÁLISE Você confunde generosidade com ansiedade. A pressa em oferecer é só medo de que não te vejam.

DESCONSTRUÇÃO Desmonte o impulso de se fazer necessário. Isso é mendicância emocional.

RECONSTRUÇÃO O amor começa quando você não precisa provar que merece ficar. O amor é recíproco.

HÁBITO Passe um dia inteiro sem oferecer nada não solicitado. Observe quem some quando sua performance cessa.

VERDADE OCULTA Quem dá tudo antes de ser escolhido ensina o outro a nunca pedir.

"Não deem o que é santo aos cães, nem joguem pérolas aos porcos."

– Mateus 7:6ab

PRINCÍPIO 15

Você chama de lealdade o que no fundo é medo de desapontar quem nunca te escolheu por inteiro

Você permanece por lealdade. Mas a permanência é, muitas vezes, só medo de parecer ingrato com quem nunca te viu por completo.

ANÁLISE

Você diz que é fiel, mas vive em silêncio desconfortável. Isso não é amor – é prisão afetiva com moldura religiosa.

DESCONSTRUÇÃO

Desmonte o pacto emocional que exige sua constante negação de si mesmo.

RECONSTRUÇÃO

Lealdade saudável precisa ser um pacto conjunto que inclui tanto você quanto o outro.

HÁBITO

Escreva: "A quem continuo sendo fiel, mesmo que isso me arruíne?". Responda e leia em voz alta. Sinta o peso.

VERDADE OCULTA

Você não é leal. Só está com medo de perder o pouco afeto que ainda lhe resta.

"É absurdamente errado que, nesta vida em que seu corpo não cede, seu espírito seja o primeiro a se render."

– Marco Aurélio

PRINCÍPIO 16

Você diz que quer resposta, mas ainda age como quem não tem condições de obedecer

Você ora. Pede direção. Clama por resposta. Mas a resposta já veio. Você só não quis ouvir, porque ela é desconfortável e exige rendição. O que lhe falta não é direção, e sim disposição para caminhar fora do plano que você queria.

ANÁLISE

Você continua em dúvida, mas segue testando os limites do que sabe que não sustenta mais.

DESCONSTRUÇÃO

Desmonte a ideia de que Deus ainda está em silêncio. Quem está surdo e cego é você.

RECONSTRUÇÃO

A fé não floresce na zona de conforto. Ela exige obediência mesmo quando a resposta desmonta seus planos.

HÁBITO

Anote a última resposta que você recebeu e ignorou. Pergunte-se: "O que em mim ainda tenta negociar com essa verdade?".

VERDADE OCULTA

Deus não lhe responde mais o que você insiste em ignorar.

"Não se limitem, porém, a ouvir a palavra; ponham-na em prática. Do contrário, só enganarão a si mesmos."

– Tiago 1:22

PRINCÍPIO 17

O silêncio que você chama de abandono pode ser só Deus limpando o que você não teve coragem de deixar ir

Você chama de abandono aquilo que é separação. Quando o céu se cala, talvez seja porque Deus está removendo tudo o que atrapalha a nova estação. O silêncio não é castigo – é purificação.

ANÁLISE

A sensação é de esquecimento, mas a realidade é que esse isolamento veio para promover a cura.

DESCONSTRUÇÃO

Desmonte a narrativa da rejeição. Deus só silencia quando você já tem condições de atravessar, mesmo que com dor.

RECONSTRUÇÃO

O que você chama de ausência é a preparação para que sua frequência esteja limpa para o novo.

HÁBITO

Ore em silêncio. Nenhuma palavra. Apenas diga, ao começar: "Fala quando quiser, meu Deus. Eu estou aqui".

VERDADE OCULTA

Deus silencia quando precisa que o ruído em você morra primeiro.

"O silêncio é parte integrante da comunicação."

– Bento XVI

PRINCÍPIO 18

Você chama de fidelidade o que é só apego e medo de perder o pouco que tem

Você insiste. Chama de fidelidade. Mas, no fundo, só não quer começar do zero. Você não permanece por honra, e sim por medo.

ANÁLISE

Você se convence todos os dias a ficar. Não porque ainda há vida, mas porque teme o luto da saída.

DESCONSTRUÇÃO

Desmonte a ilusão de que resistir é sempre virtude. Às vezes, é covardia disfarçada de compromisso.

RECONSTRUÇÃO

A verdadeira fidelidade acontece quando há verdade. Fora disso, é só apego sacramentado.

HÁBITO

Pergunte-se: "Se hoje eu fosse uma pessoa plena, ainda escolheria esse vínculo?". Sinta a resposta no corpo, não no que já está quase que programado em sua mente.

VERDADE OCULTA

Fidelidade que exige autoabandono é idolatria, não aliança.

"Nenhuma pessoa é livre se não for senhora de si mesma."

– Epicteto

PRINCÍPIO 19

Não há confusão, apenas medo de decepcionar quem aprendeu a ter você por inteiro, mesmo sem oferecer nada em troca.

Você posterga decisões importantes. Não por dúvida, mas por culpa. Não quer ser visto como ingrato por alguém que nunca cuidou de você de verdade.

ANÁLISE

Você ainda sustenta vínculos por pena. Porque não quer parecer "ruim".

DESCONSTRUÇÃO

Desmonte o medo de decepcionar. O outro teve você por inteiro sem nunca ter se comprometido com sua verdade.

RECONSTRUÇÃO

Libertar-se não é ingratidão. É maturidade espiritual.

HÁBITO

Escreva e reflita: "Quem me cobra presença sem nunca ter cuidado de mim?". Depois de responder, diga com reverência: "Eu te libero".

VERDADE OCULTA

A culpa é só a voz do sistema antigo tentando manter você na prisão.

"O homem verdadeiramente livre só quer o que pode e faz o que lhe agrada."

– Jean-Jacques Rousseau

PRINCÍPIO 20

Você diz que está esperando clareza, porém só está com medo da ruptura

Você diz que precisa de mais sinais. Mas no fundo o que falta é coragem para encerrar o que já morreu. A espera não é algo que você faz por sabedoria, é por anestesia.

ANÁLISE

Você insiste que ainda sente algo. Mas o que sente é só eco de uma presença vencida.

DESCONSTRUÇÃO

Desmonte o "talvez". A ruptura dói, mas a permanência adoece.

RECONSTRUÇÃO

A clareza nunca faltou. O que faltava era disposição para bancar a perda.

HÁBITO

Antes de dormir, diga: "Eu aceito o fim que liberta, mesmo que desmonte tudo o que planejei".

VERDADE OCULTA

Você não quer resposta. Quer que a verdade seja menos dolorosa.

"A verdade os libertará."

– João 8:32b

Essa travessia do primeiro portal é a prova de que você está pronto para atender ao chamado.

Agora que o chamado foi ouvido, você tem uma decisão para tomar; e não é se vai continuar lendo ou não, é se vai continuar se enganando ou se finalmente vai se entregar.

Não existe a metade do caminho entre o céu e o inferno que você criou com suas próprias escolhas convenientes. Ou você permite que essa versão fraca, morna e desnutrida de si se vá agora, ou continua sendo só mais um nome bonito, mas vazio, numa alma que nunca floresceu.

Lembre-se: este livro não vai oferecer fórmulas. Vai oferecer cruz e altar. Porque antes de viver o relacionamento com que tanto sonha você vai precisar morrer para tudo aquilo que te impediu até hoje.

Essa é a travessia.

Esse é o preço.

Essa é a libertação.

Respire.

E inicie a próxima travessia.

PORTAL
A LIMPEZA

Você ouviu o chamado.

Está aqui. Presente. Mas será que está preparado?

Porque dizer "sim" para um novo caminho exige algo que a maioria evita: encarar o que precisa morrer dentro de si.

Não se constrói um novo amor em cima de restos mal resolvidos. E o que está mal resolvido em você não é pouca coisa: são histórias mal fechadas; emoções engarrafadas; pactos inconscientes com pessoas e versões antigas suas que continuam ditando suas escolhas, mesmo que hoje você finja que superou.

Esse processo não é bonito. Não é inspirador.

Ele é íntimo, silencioso e, às vezes, humilhante. Pois fazer essa limpeza significa reconhecer o ponto em que você começou a se trair; a se acostumar com pouco; a carregar dores como se fossem parte da sua identidade.

Esta seção não tem a finalidade de confortar, mas de confrontar.

A proposta é colocar ordem no seu interior – sem piedade, mas com verdade.

Você vai resistir. O corpo pode pesar. A mente vai te distrair. Só que nada disso é sinal de que está errado. É só a sujeira emocional tentando manter o domínio que teve sobre você por tanto tempo.

Limpar exige coragem para soltar o que machuca, mesmo que seja familiar. Coragem para encarar que certas dores só existem porque você ainda está preso a elas – conscientemente ou não.

A limpeza é o primeiro ato de respeito real por si mesmo.

Quem quer viver um novo amor precisa abrir espaço. E abrir espaço, às vezes, significa desmontar tudo. Por isso, permita-se ver a si mesmo em sua totalidade. Entregue-se com tudo que você é e tudo que você está disposto a deixar pra trás.

PRINCÍPIO 21

Explodir é fácil, o que é difícil é sustentar a verdade em silêncio

Você aprendeu a expressar sua dor com gritos, rompantes, urgência. Como se fosse possível que te escutassem apenas quando perde o controle. Mas presença não exige volume. Ela exige eixo. A explosão pode até liberar tensão, porém só a verdade sustentada em silêncio lapida a alma.

ANÁLISE

Você chama de espontaneidade o que, na verdade, é hábito de extravasamento emocional.

DESCONSTRUÇÃO

Acreditar que apenas na explosão reside a autenticidade é um vício de quem nunca teve espaço para ser ouvido sem dramaticidade.

RECONSTRUÇÃO

A sua verdade mais profunda não precisa gritar. Ela sustenta a presença com firmeza sincera.

HÁBITO

Antes de responder a alguém que o desregula, respire fundo. Segure por dez segundos. Pergunte-se: "Isso é presença ou é o meu ego no volante?".

VERDADE OCULTA

Você não precisa de reação. Precisa de território e espaço sagrado interno.

"A mente livre de paixões é uma fortaleza, pois o homem não tem nada mais seguro para onde possa fugir e para o futuro ser inexpugnável."

– Meditações, 8.48

PRINCÍPIO 22

Gritar não é se expressar, é se perder tentando se proteger

Você acha que precisa aumentar o tom para obter respeito. Mas, na verdade, só está tentando se proteger de um medo antigo: o de não te ouvirem. O grito não é expressão. É defesa. E toda defesa emocional impede a verdade de fluir limpa.

ANÁLISE O grito é a voz da alma que ainda não aprendeu a existir sem ruído.

DESCONSTRUÇÃO Falar alto não é sinônimo de força. É o desespero de quem se sente invisível mesmo quando está presente.

RECONSTRUÇÃO Você pode ser firme sem agredir. Pode ser uma pessoa intensa sem ferir. Ser alguém verdadeiro sem ruído.

HÁBITO Grave um áudio dizendo o que sente com tom neutro. Depois escute. Veja o que acontece com sua verdade quando ela não vem embriagada de raiva.

VERDADE OCULTA A autoridade mais respeitada não é a que grita – é a que permanece quando o barulho passa.

"Palavras suaves podem quebrar ossos."

– Provérbios 25:15b

PRINCÍPIO 23

Você chama de intensidade o que na verdade é desorganização emocional

Você confunde profundidade com caos. Drama com conexão. Frio na barriga com verdade espiritual. Mas nem toda adrenalina é amor. Algumas são só sintomas de um sistema nervoso que nunca soube o que é repousar dentro de algo seguro.

ANÁLISE

Você aprendeu que o amor precisa do risco, da instabilidade, da tensão. Como se paz fosse tédio.

DESCONSTRUÇÃO

Esse vício por relações quentes demais, cheias de altos e baixos, não é intensidade. É ferida tentando sobreviver ao silêncio.

RECONSTRUÇÃO

O verdadeiro amor não é morno. Mas também não queima. Ele organiza. Ele ancora. Ele aquece.

HÁBITO

Liste três relações "intensas" que fizeram você perder sua paz. Pergunte: "O que em mim confundia caos com paixão?".

VERDADE OCULTA

O que organiza antes de impactar é o que cura.

"O perfeito amor afasta todo medo."

– 1 João 4:18

PRINCÍPIO 24

Você diz que sente muito, só que ainda não aprendeu a nomear o que sente

Você acha que sente coisas demais, porém a realidade é que não sabe o que sente. Tudo vira angústia, tudo vira raiva, tudo vira desespero. É como se a alma gritasse, mas sem saber qual dor está tentando sair. Sentir é só o começo. Nomear é o caminho da transmutação.

ANÁLISE

A desorganização emocional nasce da confusão entre sensações e significados.

DESCONSTRUÇÃO

Não saber o nome da sua dor te mantém refém de uma neblina emocional sem mapa.

RECONSTRUÇÃO

Dar nome ao que sente é o primeiro passo para não deixar que isso te controle.

HÁBITO

Durante um dia, sempre que sentir algo forte, escreva o nome da emoção, o que a causou, e onde em seu corpo você a sente.

VERDADE OCULTA

A alma que sabe nomear sabe transformar.

"A maior vitória é sobre si mesmo."

– Aristóteles

Calma demais pode ser trauma congelado

Você se orgulha de “superar rápido”. Mas o que você chama de maturidade pode ser só pressa de não sentir. O que é negado se acumula. E o que se acumula explode ou apodrece. A força real não foge da dor, e sim a atravessa pacientemente e com consciência.

ANÁLISE

O orgulho de ser "forte demais" é, muitas vezes, uma estratégia de defesa emocional antiga.

DESCONSTRUÇÃO

Reprimir a dor é ignorar que o corpo e a alma têm limites. Negar não cura. Só adia.

RECONSTRUÇÃO

Você pode sustentar a dor com nobreza, não precisa ter pressa de encerrar o que ainda está purificando.

HÁBITO

Separe dez minutos hoje para sentir. Sem se distrair. Sem filtrar. Apenas chore, escreva, ore, respire.

VERDADE OCULTA

A dor que você finge não existir comanda as escolhas que você não percebe fazer.

"O que você não traz à consciência retorna como destino."

– atribuído a Carl Jung

PRINCÍPIO 26

Reprimir a dor não é força, é só adiamento de colapso

Você aparenta ter calma. Está sempre no controle. Não se desorganiza. Mas por dentro desligou-se. Anestesiou-se. O que você chama de equilíbrio talvez seja apenas sobrevivência emocional em modo silencioso. A paz que não se sente não é paz: é congelamento.

ANÁLISE Esse seu "zen" pode ser só a dissociação emocional de quem se blindou cedo demais.

DESCONSTRUÇÃO Nem toda estabilidade é cura. Algumas são frieza estruturada para não desmoronar.

RECONSTRUÇÃO Calma verdadeira inclui movimento interno. Inclui sentir com clareza, sem afundar.

HÁBITO Mexa o corpo. Faça algo físico. Dance. Corra. Respire com consciência. Descubra quando você começou a se desligar para não sentir.

VERDADE OCULTA O corpo que não sente não está calmo – está ferido demais para reagir.

"O paciente não consegue se lembrar de tudo o que está reprimido dentro dele, e aquilo que ele não consegue lembrar pode ser precisamente a parte essencial."

– Sigmund Freud

PRINCÍPIO 27

Sensibilidade não é fraqueza, é força refinada

Você tentou ser forte demais. Quis endurecer. Engolir em seco. Mas a alma sensível nunca desaparece – ela só se cala até adoecer. O que você chamou de fraqueza era sua antena espiritual, sua capacidade de escutar o que ninguém ouve, de perceber o invisível.

ANÁLISE

Você cresceu aprendendo que sentir era perigoso e, por isso, se protegeu de si.

DESCONSTRUÇÃO

Acreditar que sensibilidade é fragilidade é o que o mantém distante da sua maior sabedoria.

RECONSTRUÇÃO

A sensibilidade bem integrada é visão de longo alcance. É instrumento de revelação.

HÁBITO

Escreva: "Onde aprendi que sentir era um erro?". Pense na resposta. Depois ore: "Ensinai-me, Deus, a sentir com maturidade".

VERDADE OCULTA

A alma que sente com maturidade enxerga o que ninguém tem coragem de olhar.

"A verdade não muda segundo a nossa capacidade de aceitá-la."

– Mary Flannery O'Connor

PRINCÍPIO 28

Você reage a tudo porque ainda há influência de forças externas

Cada mensagem o balança. Cada ausência o move. Cada estímulo o arrasta. Você acredita que está "vivendo intensamente", mas na verdade está refém de tudo que não controla. Enquanto o mundo de fora governar seu centro, a sua alma ficará sempre em dívida com a própria verdade.

ANÁLISE

Seu sistema nervoso vive em alerta, e o centro da sua existência ainda é externo.

DESCONSTRUÇÃO

Você não é as mensagens que recebe. Nem os silêncios que sente. Nem os gatilhos que disparam.

RECONSTRUÇÃO

Responder ao mundo com presença é mais nobre que reagir a ele com urgência.

HÁBITO

Durante 24 horas, toda vez que for reagir, respire e diga: "Eu não sou esse estímulo. Eu sou quem observa".

VERDADE OCULTA

Liberdade emocional começa quando você para de terceirizar sua paz.

"Não são as coisas que nos acontecem que nos perturbam, mas a opinião que temos delas."

– Epicteto

PRINCÍPIO 29

Chorar não é fraqueza, é atualização emocional

Você segura o choro. Disfarça. Engole. Acha que resistir é vencer. Mas a lágrima é um código da alma para liberar o que já não cabe. Toda emoção não sentida se transforma em algo mais pesado: sintoma, frieza, dureza. Chorar não o enfraquece, e sim o limpa.

ANÁLISE Te condicionaram a achar que "se controlar" é sinal de evolução. Mas a contenção excessiva é acúmulo emocional.

DESCONSTRUÇÃO O choro não te rebaixa. Ele não desmonta quem está firme. Ele desobstrui o que estava travado.

RECONSTRUÇÃO Chorar com consciência é um sacramento. É a alma se alinhando ao corpo.

HÁBITO Crie um ambiente para liberar seu choro: luz baixa, música, intenção. Ore depois com gratidão.

VERDADE OCULTA Lágrima não é fraqueza. É batismo.

"Jesus chorou."

– João 11:35

PRINCÍPIO 30

Ser "forte" talvez seja só uma versão sua que aprendeu a não sentir

Você se orgulha de não demonstrar. De ser o inabalável. Mas essa fortaleza talvez seja só a armadura que você vestiu para não sentir o abandono antigo. A versão forte demais, muitas vezes, é a mais ferida – só que com o coração blindado.

ANÁLISE

Sua rigidez pode ser só o resultado de dores não processadas que você camuflou com performance emocional.

DESCONSTRUÇÃO

O verdadeiro forte não é o que não sente. É o que sente e não se perde.

RECONSTRUÇÃO

Sua nobreza não está na contenção. Está na inteireza.

HÁBITO

Escreva: "Quando foi a última vez que chorei por algo que realmente importava?". Pense na resposta. Sinta o que emerge.

VERDADE OCULTA

Quem sente com lucidez não se quebra. Se renova.

"A dor insistente pode ser a megafonia de Deus para despertar um mundo surdo."

– C. S. Lewis

PRINCÍPIO 31

Você não precisa de mais força, e sim de mais verdade

Você tenta resistir a tudo. Aguenta. Finge que não sente. Faz força como quem empurra um prédio emocional com as mãos. Mas toda força que não nasce da verdade vira tensão. A verdade desarma sem colapsar. E a lucidez cura o que o esforço só mascara.

ANÁLISE Você ainda acredita que "ser forte" é manter controle a qualquer custo.

DESCONSTRUÇÃO A rigidez que você chama de virtude está corroendo sua leveza.

RECONSTRUÇÃO A verdadeira força não endurece. Ela organiza.

HÁBITO Pergunte-se: "O que estou tentando controlar que talvez precise ser liberado com compaixão?".

VERDADE OCULTA A força que transforma não é a que resiste, é a que se entrega com consciência.

"O problema de mentir e enganar é que sua eficácia depende inteiramente de uma noção clara da verdade que o mentiroso deseja ocultar."

– Hannah Arendt

PRINCÍPIO 32

O que você chama de estabilidade pode ser só medo de mudança com nome bonito

Você diz que está em paz, que não quer mexer no que está "funcionando". Porém, no fundo você sabe: aquilo que você chama de tranquilidade já virou estagnação.

Estabilidade sem presença é zona de conforto disfarçada de maturidade.

ANÁLISE Você confunde paz com inércia. Mas está apenas evitando lidar com o novo.

DESCONSTRUÇÃO A permanência onde a alma já não respira é uma morte lenta.

RECONSTRUÇÃO A verdadeira estabilidade é aquela que deixa você vivo por dentro.

HÁBITO Escreva a pergunta e sua resposta: "Se eu soubesse que Deus me sustentaria no novo, o que eu largaria hoje?".

VERDADE OCULTA O que você chama de paz talvez seja só seu medo organizado.

"O desejo de conservar é compatível com toda forma de mudança, desde que essa mudança também seja continuidade."

– Roger Scruton

PRINCÍPIO 33

Você não está "de boa", só se desligou emocionalmente

Você diz que está bem. Que nada te afeta. Mas, por dentro, desligou-se. O orgulho de parecer inabalável virou um escudo contra a própria verdade. Frieza não é clareza. É defesa antiga de quem cansou de ser ferido.

ANÁLISE

O entorpecimento emocional é uma armadura construída por quem teve que sobreviver sem afeto.

DESCONSTRUÇÃO

O problema não é sentir demais. É não se permitir sentir mais nada.

RECONSTRUÇÃO

Leveza de verdade não vem da frieza, e sim da inteireza emocional.

HÁBITO

Pergunte-se: "O que eu não me permito sentir por medo de desmoronar?". Fique com a resposta.

VERDADE OCULTA

A ausência de dor não é sempre cura. Às vezes, é só anestesia.

"A tirania de um príncipe em uma oligarquia não é tão perigosa para o bem-estar público quanto a apatia de um cidadão em uma democracia."

– Montesquieu

PRINCÍPIO 34

A raiva que você esconde vira doença

Você não quer conflito. Engole em seco. Finge que não te atingiu. Mas por dentro a raiva vira acúmulo. E o que não sai com palavra, sai com sintoma. A paz artificial cobra juros. O corpo guarda o que a alma não libera.

ANÁLISE

Você aprendeu a ser "bonzinho" mesmo quando sua alma gritava por limites.

DESCONSTRUÇÃO

Evitar o conflito pode parecer espiritual, mas acaba sendo autotraição disfarçada.

RECONSTRUÇÃO

Raiva canalizada com consciência vira limite. Vira direção. Vira cura.

HÁBITO

Bata em um travesseiro. Grite no carro fechado. Escreva com raiva. Não esconda. Depois respire com gratidão.

VERDADE OCULTA

A fúria que você esconde com sorrisos te sabota no silêncio.

"Fiquei com minha raiva tempo suficiente até que ela me contou que seu verdadeiro nome era tristeza."

– C. S. Lewis

PRINCÍPIO 35

Você não se desorganiza por sentir, e sim por esconder

Você diz que é forte porque aguenta. Mas quem aguenta tudo uma hora colapsa. Não é sentir que desorganiza você – é o acúmulo do que não foi sentido no tempo certo. O que a alma cala, o corpo grita depois.

ANÁLISE

O medo de parecer frágil faz você esconder o que precisa ser expresso.

DESCONSTRUÇÃO

Não há nobreza em reprimir o que foi feito para ser transmutado.

RECONSTRUÇÃO

A coragem está em sentir com clareza. Em permitir-se quebrar – com intenção.

HÁBITO

Durante sete minutos, escreva tudo o que sente, sem filtrar. Depois leia em voz alta, só para você.

VERDADE OCULTA

O que você enterra vivo volta para cobrar com juros.

"O que não enfrentamos nos domina."

– Carl Jung

PRINCÍPIO 36

O medo de perder o outro nasce da ausência de presença em si

Você vive com receio de que te deixem. Observa os sinais. Lê silêncios. Tolera migalhas. Mas o que você chama de medo de abandono é, na verdade, a sua ausência de si. Quando você está inteiro, ninguém pode te deixar – porque ninguém carrega o seu centro.

ANÁLISE

A ansiedade afetiva nasce quando o outro se torna o seu referencial de estabilidade.

DESCONSTRUÇÃO

Não é a ausência do outro que te desorganiza – é a ausência da sua presença consigo mesmo.

RECONSTRUÇÃO

A verdadeira presença dissolve o apego. Porque quem está ancorado em si não implora por âncoras alheias.

HÁBITO

Fique trinta minutos em silêncio. Sem celular, sem música, sem interação. Só você e a sua respiração.

VERDADE OCULTA

Presença sincera expulsa o apego tóxico.

"Todos os problemas da humanidade têm origem na incapacidade do homem de ficar quieto em um quarto sozinho."

– Blaise Pascal

PRINCÍPIO 37

Você não é emocional demais, só aprendeu a sentir sem ser ensinado a pôr os sentimentos em ordem

Dizem que você é “demais”: sente demais, fala demais, explode demais. Mas ninguém o ensinou a ordenar o que sente. Então sua sensibilidade virou confusão. Só que sensibilidade não é erro, é instrumento de leitura do invisível.

ANÁLISE

Você foi podado por ser intenso, quando o que precisava era orientação emocional.

DESCONSTRUÇÃO

O problema não está em sentir muito. Está em não saber o que fazer com tanto sentir.

RECONSTRUÇÃO

Sensibilidade madura é direção, não descontrole.

HÁBITO

Crie um "diário do sentir": todo dia, escreva uma emoção, o que a causou e o que ela pede.

VERDADE OCULTA

Você não é exagerado – só está sem mapa.

"A adversidade é o treino da virtude."

– Sêneca

PRINCÍPIO 38

Nem todo silêncio é paz, às vezes é bloqueio

Você diz que está em paz, mas se cala quando deveria se posicionar. Você se orgulha do seu autocontrole, mas não percebe que o silêncio virou uma armadura emocional. Nem todo silêncio é serenidade. Alguns são o grito que você não teve coragem de soltar.

ANÁLISE

O silêncio excessivo é um mecanismo de defesa emocional comum em quem já se sentiu punido por se expressar.

DESCONSTRUÇÃO

A ausência de fala não é sempre virtude. Pode ser retração por medo de rejeição.

RECONSTRUÇÃO

Silêncio saudável é aquele que preserva a alma, não aquele que aprisiona a expressão.

HÁBITO

Grave um áudio só para você, dizendo o que nunca conseguiu expressar a alguém. Depois escute. Integre esse conteúdo.

VERDADE OCULTA

O silêncio que bloqueia a alma contamina o corpo.

"[Há] tempo de calar, e tempo de falar."

– Eclesiastes 3:7b

PRINCÍPIO 39

Você não precisa "curar tudo" antes de seguir, e sim precisa aprender a caminhar ferido com consciência

Você espera estar pronto, pleno, curado. Mas o caminho não exige perfeição – exige entrega lúcida. O medo de andar com feridas virou desculpa espiritual para a estagnação. Deus não espera você se consertar por completo. Ele só espera o seu "sim" verdadeiro.

ANÁLISE A idealização da cura total o aprisiona numa espera que nunca termina.

DESCONSTRUÇÃO Você não precisa se restaurar para começar. Precisa começar para se restaurar.

RECONSTRUÇÃO A fé real é aquela que caminha mesmo com cicatriz aberta, mas com presença.

HÁBITO Pergunte-se: "O que estou adiando por querer estar 'pronto demais'?". Reflita sobre a resposta. Dê o primeiro passo assim mesmo.

VERDADE OCULTA Feridas sustentadas com verdade não impedem, e sim orientam.

"Meu poder opera melhor na fraqueza."

– 2 Coríntios 12:9c

PRINCÍPIO 40

O que você chama de autocontrole pode ser só medo de mostrar que sente

Você se orgulha de não se abalar e de parecer blindado. Mas o que você chama de controle pode ser só trauma disfarçado de virtude. Você não está inteiro – está escondido. Porque mostrar o que sente parece perigoso demais.

ANÁLISE A contenção excessiva é a casca emocional de quem aprendeu a sobreviver sem poder ser vulnerável.

DESCONSTRUÇÃO O autocontrole que nega emoção não é maturidade. É exílio interno.

RECONSTRUÇÃO Verdade emocional não se opõe à firmeza, ela a torna honesta.

HÁBITO Compartilhe com alguém de confiança algo que sente, mas nunca expressou. Comece pequeno.

VERDADE OCULTA Controle sem coração é prisão. Presença com verdade é liberdade.

"A alma precisa de liberdade tanto quanto o corpo precisa de ar."

– adaptado de G. K. Chesterton

Você não limpa o passado para se esquecer dele. Você o limpa para parar de viver dentro dele.

A maioria das pessoas acha que superou alguém só porque parou de falar aquele nome. Mas continuam presas em laços invisíveis, revivendo dores disfarçadas de distrações. Chamam de saudade. Chamam de azar. Chamam de padrão. Mas no fundo é acúmulo emocional que virou prisão.

E aqui está a verdade que poucos têm coragem de encarar: enquanto você não expulsar o que te trava, não vai ter espaço para nada novo entrar; nem o amor que você quer, nem o relacionamento que você idealiza, nem a vida com a qual você sonha. Nada disso cabe em um corpo lotado de histórias mal resolvidas.

A travessia deste portal não tratou de técnicas, e sim de coragem emocional. Coragem de encarar o que você finge que esqueceu. Coragem de soltar o que você insiste em segurar. Coragem de dizer: isso não me define mais. Coragem de limpar.

Se você fez esse trabalho de forma honesta, algo dentro de você já começou a se mover.

E se não fez...

Vai ter que voltar aqui até que a bagunça vire chão limpo.

Afinal, o próximo passo não aceita metades. Ele exige verdade.

PORTAL
O POSICIONAMENTO

Depois da limpeza, vem o ponto de virada. Agora que o excesso saiu, o que fica?

Você. Nu. Diante da sua própria ausência.

O que você quer?

Não o que lhe ensinaram querer. Quem escolheu por você durante todo esse tempo foram seus traumas. Por isso, pense agora: o que você, inteiro e lúcido, deseja construir?

A maioria dos relacionamentos fracassa antes mesmo de começar, pois as pessoas entram neles já distantes de si mesmas, sem conhecer a si mesmas. Atraem o que toleram, se confundem com o que não escolheram, e chamam isso de amor.

Não é.

Assim, o cerne desta travessia não é uma atitude dramática. É colocar o pé no chão interno e dizer: "Eu estou aqui. E é daqui que eu vou partir".

Posicionamento não é grito, não é rebeldia, não é autoafirmação barulhenta. É a serenidade de quem sabe quem é – e quem não aceita mais ser. É a escolha de parar de flertar com versões antigas e finalmente assumir o próprio nome.

Posicionamento é o ponto onde sua integridade se torna inegociável.

A partir daqui você não se oferecerá mais como possibilidade, e sim como caminho.

Respire fundo.

Você vai precisar da sua presença inteira para seguir.

PRINCÍPIO 41

Você não está em dúvida, está apenas com medo de sustentar o que já sabe

Você continua dizendo que está vivendo uma confusão. Mas no fundo você já sabe. Só não quer arcar com as consequências de sustentar a verdade. A dúvida, nesse estágio, não é falta de entendimento. É medo de ruptura.

ANÁLISE

Seu ego tenta transformar clareza espiritual em zona de espera emocional para evitar a dor da ação.

DESCONSTRUÇÃO

A dúvida que sobra depois de uma revelação clara não é mais dúvida, é covardia disfarçada.

RECONSTRUÇÃO

Sustentar o que Deus mostrou exige mais postura do que entendimento.

HÁBITO

Escreva: "O que Deus já me mostrou, mas eu ainda finjo que não vi?". Reflita sobre a resposta. Depois ore em silêncio, pedindo força para obedecer.

VERDADE OCULTA

A dúvida que persiste após a verdade é desobediência com vocabulário emocional.

"O fim de toda especulação deve ser a prática de um tipo ou de outro."

– Edmund Burke

PRINCÍPIO 42

Você não precisa decidir com clareza, precisa decidir com coragem

Você está esperando a emoção se alinhar para obedecer ao Espírito. Mas nem sempre a clareza virá antes da escolha. Às vezes, a fé exige que você se mova com a névoa ainda presente.

ANÁLISE O medo de errar te prende mais do que o erro em si.

DESCONSTRUÇÃO Esperar clareza absoluta é só mais uma desculpa elegante para não se comprometer com a decisão.

RECONSTRUÇÃO Clareza é fruto da obediência sustentada – não seu pré-requisito.

HÁBITO Diga em voz alta: "Eu autorizo a ação, mesmo sem garantias". Repita até sentir firmeza no corpo.

VERDADE OCULTA A fé madura anda no escuro com os olhos do Espírito.

"A fé mostra a realidade daquilo que esperamos; ela nos dá convicção de coisas que não vemos."

– Hebreus 11:1

PRINCÍPIO 43

Se você ainda precisa da aprovação de alguém, então ainda não entendeu quem te enviou

Você sabe o que tem que fazer. Mesmo assim, está esperando que alguém lhe diga que é "ok" seguir. Porém, quem carrega missão espiritual não depende de validação emocional. Você foi enviado. E quem foi enviado não pede permissão.

ANÁLISE Seu desejo de ser compreendido por todos está sabotando o movimento que o céu já autorizou.

DESCONSTRUÇÃO A missão que foi dada a você não cabe nas mãos de quem ainda vive no campo da dúvida.

RECONSTRUÇÃO Você não precisa da aceitação por todos. Precisa estar em alinhamento com quem te enviou.

HÁBITO Escreva: "Quem eu ainda coloco entre mim e o que Deus me mostrou?". Pense na resposta. Depois, libere esse vínculo em oração.

VERDADE OCULTA Quem vive esperando aprovação nunca experimenta autoridade.

"Se meu objetivo fosse agradar as pessoas, não seria servo de Cristo."

– Gálatas 1:10

PRINCÍPIO 44

Toda vez que você cede quando deveria sustentar, alguém ocupa o lugar de Deus em você

Você baixa o padrão para manter a conexão e chama isso de sabedoria. Mas o céu não governa quando você negocia o altar. Toda concessão de princípios para preservar vínculos é um pequeno sacrifício da sua integridade.

ANÁLISE

A insegurança te convenceu de que ceder traz proteção. Mas, na verdade, ceder te enfraquece.

DESCONSTRUÇÃO

Cada vez que você silencia o Espírito para não ser "duro demais", alguém está assumindo o governo que não é seu.

RECONSTRUÇÃO

Firmeza espiritual não é rigidez. É fidelidade ao que você já foi instruído.

HÁBITO

Liste os momentos em que você calou o Espírito para não perder afeto. Refaça o movimento em verdade.

VERDADE OCULTA

Ceder quando Deus pediu firmeza é abrir o templo para ocupação estranha.

"Não apresentarei ao Senhor, meu Deus, holocaustos que nada me custaram."

– 2 Samuel 24:24

PRINCÍPIO 45

Quem ainda precisa ser lembrado do próprio valor não entendeu o chamado para ser território, não visita

Você vive tentando que se lembrem de você. Se esforça para que te vejam. Quer que te escolham. Mas quem carrega unção não vive em modo de súplica. Vive em território de governo.

Quem vive pedindo lugar ainda não entendeu que carrega um reino.

ANÁLISE

Seu ego ainda precisa de lembrança constante porque não se estabeleceu em presença espiritual.

DESCONSTRUÇÃO

Enquanto você suplica por espaço, o céu está esperando você perceber que já tem autoridade.

RECONSTRUÇÃO

Você não é visita. É casa. Você não deve ser notado. Deve ser sustentado como altar.

HÁBITO

Durante três dias, faça um jejum de validação: não faça publicações em redes sociais, não faça esforços para ser lembrado. Observe o que isso ativa em você.

VERDADE OCULTA

Quem conhece a própria autoridade não se move para ser visto.

"A luz brilha na escuridão, e a escuridão nunca conseguiu apagá-la."

– João 1:5

PRINCÍPIO 46

Quem teme o confronto ainda confunde conflito com desconexão

Você evita falar o que precisa. Não quer "estragar o clima". Mas o amor que teme a verdade é apego. A paz que evita o confronto é fuga. E toda fuga cobra juros em forma de ressentimento.

ANÁLISE Você associa confronto a perda porque ainda confunde limite com rejeição.

DESCONSTRUÇÃO Conflito não é o fim da conexão. É o início da sinceridade.

RECONSTRUÇÃO Quem ama, confronta. Quem honra, alinha. Quem se posiciona, purifica o vínculo.

HÁBITO Liste três verdades que você nunca disse por medo. Escolha uma. Diga-a em voz alta, com presença, não com agressividade.

VERDADE OCULTA Fugir do confronto é proteger o afeto em prejuízo da verdade, e isso nunca é amor real.

"A repreensão franca é melhor que o amor escondido."

– Provérbios 27:5

PRINCÍPIO 47

O mundo espiritual responde à sua autoridade, não ao seu carisma

Você tenta convencer. Agradar. Adaptar. Mas o campo espiritual não responde à performance – responde à coerência. Deus não unge quem se vende. Ele sela quem sustenta o que crê.

ANÁLISE Sua necessidade de aceitação faz com que você suavize verdades que deveriam ser espadas.

DESCONSTRUÇÃO Carisma pode abrir portas, mas só autoridade sustenta territórios espirituais.

RECONSTRUÇÃO Você não precisa ser agradável. Precisa ser alinhado.

HÁBITO Escreva: "Qual verdade minha eu ainda suavizo para não incomodar?". Insira a resposta embaixo e, depois, reescreva-a com fidelidade bruta.

VERDADE OCULTA O céu não honra quem se encaixa. Honra quem se consagra.

"Pois [Jesus] ensinava com verdadeira autoridade, diferentemente dos mestres da lei."

– Mateus 7:29

PRINCÍPIO 48

Posicionamento não é discurso, é coerência sustentada em silêncio

Você fala certo. Escreve bonito. Mas quando a pressão chega... cede. O posicionamento não é o que você diz quando tudo está calmo – é o que você sustenta quando tudo tenta empurrá-lo de volta para o que era antes.

ANÁLISE

Você ainda confunde eloquência com verdade. Mas o mundo espiritual exige presença, não palavras.

DESCONSTRUÇÃO

A empatia que tira você de seu eixo não é virtude, e sim desvio.

RECONSTRUÇÃO

A coerência que cala é mais respeitada que o discurso que grita.

HÁBITO

Revise uma atitude da última semana com a qual você quebrou um valor pessoal. Corrija com ação, em vez de tentar justificá-la.

VERDADE OCULTA

A energia não responde ao que você diz. Ela obedece ao que você sustenta.

"Como veem, a fé por si mesma, a menos que produza boas obras, está morta."

– Tiago 2:17

PRINCÍPIO 49

A firmeza que vem de Deus não pede desculpas por ser inegociável

Você suaviza. Pede licença. Pede desculpa pela clareza. Mas firmeza com espírito é pureza. E o que vem com alinhamento não precisa de suavização para ser aceito.

Quem é de Deus fala com raiz.

ANÁLISE

Você ainda acredita que firmeza assusta porque foi ensinado a agradar para pertencer.

DESCONSTRUÇÃO

Diplomacia espiritual não é concessão de verdade. É presença sincera com clareza absoluta.

RECONSTRUÇÃO

Você não precisa ser "compreensível". Precisa ser inegociável onde Deus já o posicionou.

HÁBITO

Diga em voz alta: "Eu autorizo minha firmeza. Eu confio no Espírito que me posiciona".

VERDADE OCULTA

Quem pede desculpas por se alinhar ainda não entendeu que carrega um reino.

"Quando disserem 'sim', seja de fato sim. Quando disserem 'não', seja de fato não."

– Mateus 5:37ab

PRINCÍPIO 50

Quem não sabe dizer “não” já abandonou sua missão, só não percebeu ainda

Você diz sim a tudo. Vai a todos os lugares. Acompanha todo mundo. Mas cada sim que você dá sem critério é um passo fora do seu chamado. Se negar a algo não é rejeitar o outro: é preservar a rota.

ANÁLISE

Você ainda busca amor por aceitação. Mas aceitação não sustenta missão, o que faz esse papel é o foco.

DESCONSTRUÇÃO

O "sim" que nasce do medo é traição disfarçada de boa educação.

RECONSTRUÇÃO

Dizer "não" com honra é proteger o território de propósito.

HÁBITO

Escolha uma situação recente em que você disse "sim" por medo. Reverta-a dizendo a verdade, mesmo que cause desconforto.

VERDADE OCULTA

O seu tempo revela quem governa você. Seu "não" é uma oração.

"Aproveitem ao máximo todas as oportunidades nestes dias maus."

– Efésios 5:16

PRINCÍPIO 51

Você não está perdendo pessoas, está parando de aceitar o inaceitável

Você sofre pelas perdas. Mas o que você chama de "abandono" pode ser só o efeito colateral da sua limpeza. À medida que você sustenta a verdade, quem não vibra na mesma frequência se afasta. E isso não é rejeição, é seleção natural do campo.

ANÁLISE

Seu luto emocional revela o quanto você ainda confundia presença com afeto e vínculo com verdade.

DESCONSTRUÇÃO

Nem todo afastamento é trauma. Às vezes, é proteção divina contra um retorno ao desgoverno.

RECONSTRUÇÃO

Você não está ficando só.
Está ficando limpo.

HÁBITO

Liste os nomes que se afastaram quando você começou a se alinhar. Depois escreva e reflita: "O que eu estava negando em mim para manter esse vínculo?".

VERDADE OCULTA

Não é perda. É poda. E toda poda prepara para multiplicação.

"Todo ramo que dá fruto, ele poda, para que produza ainda mais."

– João 15:2

PRINCÍPIO 52

Nem todo mundo que te ama vai acompanhar a sua verdade

Você quer levar todo mundo junto, ao seu lado. Mas nem todo amor compartilha missão. Alguns foram só parte da travessia – não do destino. Quando você sobe um degrau de consciência, não perde afeto, apenas percebe que nem todo afeto vira aliança.

ANÁLISE

Seu apego confunde afinidade emocional com compatibilidade espiritual.

DESCONSTRUÇÃO

O amor que exige estagnação para continuar não é amor. É vício de presença.

RECONSTRUÇÃO

Você pode amar e seguir. Pode honrar e encerrar. Pode sentir e não prender.

HÁBITO

Escreva e reflita: “Em quais relacionamentos eu ainda insisto, mesmo sabendo que nossos caminhos espirituais não se cruzam mais?”.

VERDADE OCULTA

Amar não é carregar: é abençoar e seguir.

“Acaso duas pessoas podem andar juntas se não estiverem de acordo?”

– Amós 3:3

PRINCÍPIO 53

Toda vez que você permite o desrespeito por pena, ensina o outro a confundir compaixão com fraqueza

Você tolera. Entende. Justifica. Mas o que você chama de empatia pode estar ensinando ao outro que a sua compaixão é uma fraqueza, em vez de um pilar. Deus não lhe pediu para ser escudo de desgoverno alheio. Ele o chamou para alinhar, não para absorver.

ANÁLISE Você aprendeu que o amor é abdicação e, por isso, aceita tudo em nome da bondade.

DESCONSTRUÇÃO Misericórdia sem limite vira autoabandono com nome de virtude.

RECONSTRUÇÃO A compaixão verdadeira também sabe encerrar ciclos sem ódio e com postura.

HÁBITO Escreva: "A partir de hoje, minha compaixão terá limite, pois meu campo tem dono".

VERDADE OCULTA Quem ama demais sem posicionamento ensina o outro a destruir com afeto.

"(…) Falaremos a verdade em amor, tornando-nos, em todos os aspectos, cada vez mais parecidos com Cristo, que é a cabeça."

– Efésios 4:15

PRINCÍPIO 54

Se você ainda precisa explicar seu valor, talvez esteja no ambiente errado

Você tenta se justificar, mostrar que merece estar onde está. Mas quando o ambiente exige esforço para reconhecer o que é natural em você, talvez o problema não seja você – seja o solo. Ambientes revelam o que carregamos, mas também revelam quem merece estar conosco.

ANÁLISE

Sua insegurança fez você acreditar que precisa se explicar constantemente para ter espaço.

DESCONSTRUÇÃO

Ambientes tóxicos o deixam confuso até sobre sua própria luz.

RECONSTRUÇÃO

Onde há alinhamento, há reconhecimento sem esforço.

HÁBITO

Reflita: "Quem realmente me vê? E quem apenas me consome?". Decida hoje quais pessoas merecem permanência.

VERDADE OCULTA

Seu valor não muda. O ambiente é que define se você será cultivado ou desgastado.

"Trate-se como alguém por quem você é responsável."

– Jordan Peterson

PRINCÍPIO 55

Onde sua presença precisa se adaptar demais, sua missão morre aos poucos

Você muda o tom. A fala. O ritmo. Tudo para não incomodar. Mas toda vez que você se edita para caber, algo em você morre. Missão não cabe em qualquer lugar. E nem toda paz é presença. Algumas são disfarce de desertos emocionais.

ANÁLISE Você ainda confunde adaptabilidade com inteligência emocional, mas o que está acontecendo é que você está apagando a si mesmo.

DESCONSTRUÇÃO Toda adaptação excessiva é traição silenciosa da essência.

RECONSTRUÇÃO Missão é para ser sustentada, não negociada.

HÁBITO Liste os lugares onde você se encolhe para continuar. Escolha um deles por vez, retire-se de lá ou se reposicione.

VERDADE OCULTA O Espírito não permanece onde você precisa se diminuir para ser amado.

"Não imitem o comportamento e os costumes deste mundo, mas deixem que Deus os transforme por meio de uma mudança em seu modo de pensar."

– Romanos 12:2

PRINCÍPIO 56

Quando lhe dizem que você mudou, pode ser só porque você parou de se trair

Eles dizem que você mudou. Que ficou distante. Que perdeu a leveza. Mas você apenas parou de se abandonar para manter vínculos. Quando você para de se trair, o ambiente que se beneficiava do seu silêncio começa a te acusar.

ANÁLISE

Seu antigo padrão de agradar a todos foi confundido com "quem você era". Agora, sua integridade parece ofensa.

DESCONSTRUÇÃO

Mudar com lucidez é evolução, não traição.

RECONSTRUÇÃO

Quem se reposiciona incomoda quem ainda não se acostumou com o seu desvio.

HÁBITO

Escreva: "Se ser fiel a mim me custa pessoas, então eu aceito o preço". Leia em voz alta, como um pacto.

VERDADE OCULTA

Toda evolução parecerá egoísmo para quem se alimentava da sua submissão.

"Nunca derrube uma cerca sem saber por que ela foi erguida."

– G. K. Chesterton

PRINCÍPIO 57

Seu silêncio também é escolha, e o que você aceita calado autoriza sem perceber

Você evita o atrito. Se omite. Chama de maturidade, de paz, de sabedoria. Mas o silêncio que não confronta o erro está ensinando ao mundo como você deve ser tratado. E tudo que você tolera em silêncio vira padrão espiritual sobre sua vida.

ANÁLISE

Seu hábito de silenciar vem do medo antigo de ser rejeitado por dizer o que sente.

DESCONSTRUÇÃO

O silêncio que preserva vínculo ao custo da verdade é omissão, não equilíbrio.

RECONSTRUÇÃO

Falar com honra é proteger o campo. O silêncio deve ser escolha, não escudo.

HÁBITO

Diga hoje a alguém uma verdade que tem engolido por medo. Fale com lucidez, não com raiva.

VERDADE OCULTA

O que você cala para manter a paz, um dia cobra o preço da sua integridade.

"O pior pecado para com nossos semelhantes não é odiá-los, mas ser indiferente a eles."

– George Bernard Shaw

PRINCÍPIO 58

Não se trata de impor respeito, e sim de parar de aceitar que não te respeitem

Você tenta exigir respeito de quem já mostrou que não carrega estrutura para oferecê-lo. Mas quem ainda implora por isso talvez não tenha compreendido que o verdadeiro respeito começa pelo sentido por si mesmo – e se manifesta no campo que você sustenta.

ANÁLISE Você acha que respeito vem de fora. Mas ele é apenas reflexo do que você já sustenta por dentro.

DESCONSTRUÇÃO Você não está sendo desrespeitado por acaso. Está colhendo o que tolera em silêncio.

RECONSTRUÇÃO Você não precisa impor presença. Precisa parar de se abandonar.

HÁBITO Escreva: “Nunca mais vou me manter onde minha alma precisa gritar para ser ouvida”. Leia isso em voz alta antes de dormir.

VERDADE OCULTA O campo só te respeita quando percebe que você não negocia mais consigo mesmo.

“Respeite-se e os outros respeitarão você.”

– Confúcio

PRINCÍPIO 59

A sua falta de posicionamento está mostrando ao mundo como ele deve te tratar

Você acha que sua gentileza está preservando os vínculos. Mas está apenas ensinando aos outros que podem passar por cima do que você é. O mundo espiritual não escuta o seu discurso, ele lê o seu campo. E o campo que não impõe limites será pisado.

ANÁLISE

A ausência de autoafirmação não é humildade. É abdicação de território.

DESCONSTRUÇÃO

Você não está sendo "legal".
Está sendo permissivo com a sua própria desonra.

RECONSTRUÇÃO

Você não ensina os outros com palavras. Ensina com os limites que sustenta.

HÁBITO

Reflita: "Em que ponto minha ausência de posicionamento virou carta branca para me desrespeitarem?".
Aja imediatamente. Sem indiretas, sem hesitar.

VERDADE OCULTA

O que você tolera em silêncio se torna sua nova identidade no invisível.

"Você ensina às pessoas como elas devem te tratar pelo que você permite, pelo que você reforça e pelo que você interrompe."

– Tony Gaskins

PRINCÍPIO 60

Posicionamento é o escudo de quem entendeu o próprio propósito

Você não precisa se proteger com argumentos. Nem com agressividade. Quem entendeu seu chamado já não negocia onde pisa, pois o chão que Deus consagrou para você não pode ser usado para distração alheia.

ANÁLISE
A dúvida sobre quem você é o fazia ser moldável, e isso drenava sua força.

DESCONSTRUÇÃO
Missão que precisa ser justificada ainda não foi plenamente assumida.

RECONSTRUÇÃO
A maturidade espiritual é silenciosa, mas emite uma presença que corta o desvio no ar.

HÁBITO
Ore hoje com uma frase simples: "Senhor, sela em mim o que não pode mais ser alterado".

VERDADE OCULTA
Posicionamento é a forma como o céu testa se você está pronto para o que pediu.

"Se forem fiéis nas pequenas coisas, também o serão nas grandes."

– Lucas 16:10

Se você chegou até aqui esperando fórmulas prontas, talvez ainda esteja preso no personagem que criou para si mesmo. Posicionamento não é um evento. É um compromisso.

É o lugar interno que você escolhe ocupar, mesmo quando ninguém está olhando – principalmente quando ninguém está olhando.

Você não precisa convencer ninguém. Você só precisa parar de se abandonar. E a partir de agora todas as suas escolhas vão revelar onde você está posicionado: na escassez ou na integridade; na carência ou na presença; na ilusão ou na verdade.

Não há neutralidade aqui. Ou você se alinha com o que honra sua essência, ou se curva, de novo, às histórias que já te destruíram antes.

Não se trata de ser perfeito, e sim de ser real, consistente e inteiro. O mundo não precisa de mais versões editadas de você, precisa da sua decisão firme, silenciosa, de que você nunca mais se desalinhe.

A próxima travessia vai exigir coragem, porque depois do posicionamento vem a exposição. E é aí que o jogo começa de verdade.

Se você estiver pronto, continue.

Se não estiver... volte e se posicione melhor.

PORTAL
A ESCOLHA

Tudo começa com uma escolha. Mas não qualquer escolha: aquela que coloca fim ao autoengano.

Chega um ponto em que continuar como está custa mais do que mudar; e, ao chegar a isso, não se trata mais de como você se sente, e sim do que você vai fazer apesar de como se sente.

A escolha real não acontece quando está fácil. Ela acontece quando tudo em você quer recuar, mas ainda assim você permanece: permanece no compromisso; permanece na clareza. Permanece em si.

Este portal não é para entreter. É para te colocar contra a parede.

Afinal, agora você vai ter que admitir o que ainda está sustentando por medo, por vaidade, por vício em dor. E mais: vai ter que decidir o que não vai mais carregar.

Não existe recomeço sem renúncia. E não existe cura sem escolha.

Se você ainda está esperando por um sinal, uma certeza, uma permissão... Entenda: você é o sinal. Você é a permissão.

E a única certeza possível nasce agora: quando você para de fugir e escolhe, enfim, viver com verdade.

PRINCÍPIO 61

Você não precisa de alguém para te completar, mas sim de alguém que não te silencie

Você foi ensinado a buscar a metade da laranja. A tampa da panela. Mas quem completa pode também te conter. E o que você precisa não é de simetria romântica, é de espaço espiritual para continuar sendo quem você é com firmeza e fé.

ANÁLISE

O padrão do encaixe afetivo virou desculpa para se anular sem perceber. Você confunde "dar certo" com "dar conta".

DESCONSTRUÇÃO

Relacionamento não é caber. É expandir com consciência. Quem pede para que você silencie sua essência não te ama, e sim te edita.

RECONSTRUÇÃO

O amor certo não exige adequação. Ele sustenta o que já é verdadeiro em você.

HÁBITO

Escreva: "Com quem eu precisei diminuir minha fala, minha fé ou minha presença para caber?". Reflita sobre a resposta e ore.

VERDADE OCULTA

O certo não é quem soma. É quem não subtrai.

"É melhor viver sozinho no canto de um sótão que morar com uma esposa briguenta numa bela casa."

– Provérbios 21:9

PRINCÍPIO 62

A escolha certa começa quando você para de confundir química com destino

Você sente o frio na barriga. A explosão de adrenalina. Chama isso de conexão. Mas o que você nomeia como “química” pode ser apenas a familiaridade disfarçada do trauma antigo. Sentir forte não é sinal de destino. É sinal de reatividade emocional.

ANÁLISE Seu histórico afetivo treinou seu corpo a responder com excitação onde existe instabilidade.

DESCONSTRUÇÃO Nem tudo que balança a alma é sopro do Espírito. Às vezes, é só o eco de uma dor não encerrada.

RECONSTRUÇÃO Escolher alguém começa por saber reconhecer a paz – e não só a intensidade.

HÁBITO Liste três pessoas que desmontaram seu ser com velocidade. Depois escreva e reflita: "O que essa dor acelerada revelou sobre o meu campo?".

VERDADE OCULTA A adrenalina da alma ferida é a camuflagem favorita do padrão que mais impede o seu avanço.

"Nem tudo que reluz é ouro."

– Provérbio popular

PRINCÍPIO 63

O certo não é quem te diverte, é quem sustenta a sua presença quando nada está acontecendo

Você busca conexão no riso fácil, nos planos rápidos, nas aventuras casuais. Mas o que oferece conexão verdadeira é quem permanece quando tudo está em silêncio. Porque só no silêncio você descobre se a presença sustenta ou apenas distrai.

ANÁLISE

Você aprendeu a associar intensidade com conexão – e isso tornou a calmaria desconfortável.

DESCONSTRUÇÃO

Se o silêncio incomoda, é porque nunca houve presença real. Só ruído confortável.

RECONSTRUÇÃO

Amor maduro começa onde a paz não precisa de estímulo.

HÁBITO

Relembre uma relação recente. Escreva: "Quando o barulho acabava, sobrava presença ou desconforto?". Reflita sobre a resposta.

VERDADE OCULTA

A ausência de caos revela se há vínculo ou só distração emocional com nome bonito.

"Na tranquilidade e na confiança está sua força."

– Isaías 30:15c

PRINCÍPIO 64

O coração reconhece, mas só o Espírito confirma

Você sente algo. Chama de "conexão". Pensa que o coração já sabe. Mas o que seu coração reconhece pode ser o que a alma ainda não limpou. Quem confirma é o Espírito – porque só Ele vê o campo inteiro, em vez de apenas o desejo do agora.

ANÁLISE Você ainda usa o coração como radar de decisões espirituais, e isso traz confusão.

DESCONSTRUÇÃO Sentir algo é legítimo, mas sentir não é sentença: é só convite.

RECONSTRUÇÃO O reconhecimento emocional pode iniciar a conexão, mas a confirmação precisa vir de cima.

HÁBITO Antes de chamar de conexão, ore: "Senhor, essa pessoa vem de Ti ou do meu vazio?".

VERDADE OCULTA Nem tudo que arrepia é presença. Pode ser só repetição sofisticada.

"O coração humano é mais enganoso que qualquer coisa e é extremamente perverso."

– Jeremias 17:9a

PRINCÍPIO 65

O amor maduro não escolhe pelo encaixe, e sim pela direção

Você está buscando quem combina com você, mas o verdadeiro amor não precisa ser espelho – precisa ser aliança de missão. A estética do casal não sustenta o peso do propósito. A direção que vocês carregam é o que sustenta o pacto.

ANÁLISE

Seu critério ainda está preso à afinidade emocional e não à compatibilidade espiritual.

DESCONSTRUÇÃO

Compatibilidade sem propósito vira distração com beijo bonito e futuro sem alicerce.

RECONSTRUÇÃO

Amor maduro não se move pela aparência de harmonia, e sim pela consistência da caminhada.

HÁBITO

Escreva três valores que são essenciais. A pessoa que está ao seu lado os vive também ou apenas se impressiona com você?

VERDADE OCULTA

Compatibilidade emocional sem alinhamento espiritual é só uma viagem de ida para o desvio.

"Como o ferro afia o ferro, assim um amigo afia o outro."

– Provérbios 27:17

PRINCÍPIO 66

O que você chama de seu "tipo" pode ser só o trauma disfarçado

Você diz que tem um "tipo". Mas esse tipo o diminui, causa esgotamento. O que parece gosto pode ser só uma ferida que ganhou perfume. Porque o coração ferido tende a desejar o que confirma sua dor, não o que cura sua essência.

ANÁLISE
Seu padrão de atração ainda está orientado por reconhecimento inconsciente de abando

DESCONSTRUÇÃO
Nem todo desejo é escolha. Alguns são vícios emocionais fantasiados de química.

RECONSTRUÇÃO
Seu verdadeiro tipo é quem sustenta sua verdade – não quem dispara o seu vazio.

HÁBITO
Escreva e reflita: "Qual carência minha ainda me faz achar irresistível quem não me vê?".

VERDADE OCULTA
Seu "tipo" pode ser estar viciado em não ser escolhido. E isso não é destino, é dependência.

"Às vezes, o que você chama de atração é só seu trauma tentando repetir a dor para se sentir em casa."

– Lucas Scudeler

PRINCÍPIO 67

Paixão é sintoma, enquanto escolha é construção espiritual

Você se apaixona rápido. Acredita que encontrou "o amor da vida" em três encontros. Mas paixão é reatividade emocional. Escolher é decidir no Espírito, com critério, tempo e alinhamento. O fogo rápido quase sempre vira fumaça.

ANÁLISE Você ainda confunde intensidade inicial com profundidade real.

DESCONSTRUÇÃO Paixão desenfreada é só o barulho do ego sendo ativado pelo inédito.

RECONSTRUÇÃO O amor real cresce como raiz: profundo, lento e silencioso.

HÁBITO Ore, escreva e reflita: "O que eu já chamei de amor, mas o Espírito nunca confirmou?".

VERDADE OCULTA Toda paixão não avaliada pelo céu se transforma em correção pelo tempo.

"Apressa-te lentamente."

– Suetônio, citando Augusto

PRINCÍPIO 68

Você não está escolhendo errado, está escolhendo como alguém que ainda precisa se curar

Você se culpa. Se julga. Mas o problema não está na sua escolha – está na dor que ainda opera como critério silencioso. Quando a alma sangra, o amor vira curativo. E isso te impede de reconhecer o que realmente te cura.

ANÁLISE	Suas decisões afetivas ainda são tentativas inconscientes de se reparar.
DESCONSTRUÇÃO	A cura não virá da escolha certa – ela precisa anteceder a escolha.
RECONSTRUÇÃO	Você não precisa se punir. Precisa se corrigir com lucidez.
HÁBITO	Liste quais dores você ainda usa como critério de escolha. Encare a lista sem culpa, só com luz.
VERDADE OCULTA	Se você escolhe com uma alma que não foi limpa, o céu terá que interromper o que você chama de conexão.

"Quem olha para fora, sonha; quem olha para dentro, desperta."

– Carl Jung

PRINCÍPIO 69

A escolha errada é aquela que exige que você edite sua verdade para continuar

Você se ajusta. Finge que não liga. Segura a fala. Mas toda vez que precisa se diminuir para permanecer, já está vivendo fora do seu eixo. Amor que exige camuflagem é cárcere – mesmo que venha com afeto.

ANÁLISE

Você aprendeu que "ser aceito" depende de se adaptar à expectativa do outro.

DESCONSTRUÇÃO

O preço da permanência não pode ser a sua verdade.

RECONSTRUÇÃO

A escolha certa convida você a se expandir – não a se esconder.

HÁBITO

Escreva: "Em quais conversas eu precisei omitir minha verdade para continuar atraente?". Reflita sobre a resposta.

VERDADE OCULTA

Quem apaga a própria luz para manter alguém por perto já está sozinho – só não percebeu ainda.

"A maior forma de desespero é querer ser outra pessoa que não você mesmo."

– Søren Kierkegaard

PRINCÍPIO 70

Até um demônio pode saber se comportar, mas isso não o torna digno do altar

Você se impressiona com boas maneiras, educação, inteligência emocional. Mas cortesia sem presença espiritual é teatro. Não se case com o comportamento. Alianças não são feitas com performance – são feitas com inocência de coração.

ANÁLISE Seu histórico de abandono o tornou vulnerável à simpatia elegante.

DESCONSTRUÇÃO Gestos bonitos sem verdade interior são armadilhas disfarçadas.

RECONSTRUÇÃO A escolha certa não se mede por aparência, mas pelo que a energia revela quando o cenário some.

HÁBITO Pergunte-se: "O que me encantou foi fruto do Espírito ou só habilidade relacional?".

VERDADE OCULTA Você não se une a gestos. Você se une a campos.

"Até mesmo Satanás se disfarça de anjo de luz."

– 2 Coríntios 11:14b

PRINCÍPIO 71

A pessoa que você escolhe revela aquilo que você ainda aceita chamar de amor

Você diz que quer alguém maduro, mas ainda tolera imaturidade. Você diz que quer profundidade, mas ainda se atrai pelo raso. A sua escolha é o espelho exato da frequência que seu campo ainda aceita sustentar como "afetiva".

ANÁLISE

Você normalizou a mediocridade emocional e passou a chamar de amor aquilo que apenas te mantinha distraído da sua grandeza.

DESCONSTRUÇÃO

O problema não é o outro ser pouco. É você ainda acreditar que esse pouco é aceitável.

RECONSTRUÇÃO

A realidade do amor não é quem vem. É o que você já decidiu não tolerar mais.

HÁBITO

Liste três características que você vem ignorando por medo de "ficar sozinho". Depois escreva: "Por que continuo me traindo em nome da companhia?". Reflita sobre a resposta.

VERDADE OCULTA

Toda permissão no afeto é uma declaração silenciosa do quanto você ainda se aceita pequeno.

"Nós somos o que repetidamente fazemos. A excelência, portanto, não é um feito, mas um hábito."

– Aristóteles

PRINCÍPIO 72

Você não atrai o que deseja, atrai o que tolera

Você diz que quer amor sincero. Mas continua aceitando migalhas. O campo espiritual não responde ao que você sonha – ele responde ao que você não confronta. O que você tolera vira frequência. E a frequência vira padrão.

ANÁLISE

Você ainda acredita que basta querer algo diferente para que aconteça – mas se esquece de que o filtro é mais forte que o pedido.

DESCONSTRUÇÃO

Desejar não é critério. Filtrar é.

RECONSTRUÇÃO

Quando você eleva o padrão, o campo começa a rejeitar o que antes você aceitava em silêncio.

HÁBITO

Escreva e reflita: "O que eu ainda aceito que já deveria ter virado critério de exclusão?".

VERDADE OCULTA

O campo só muda quando o filtro se torna mais sagrado que a carência.

"O homem superior exige tudo de si próprio; o homem inferior espera tudo dos outros."

– Confúcio

PRINCÍPIO 73

Quem vive testando sua paciência não está desafiando seu amor, está treinando sua fraqueza

Você acha que está sendo paciente. Mas, na verdade, está sendo treinado para suportar o inaceitável. Amor que exige excesso de tolerância vira campo de desgaste espiritual. E quando você se adapta demais, perde a clareza do que é desrespeito.

ANÁLISE

Você aprendeu a confundir abuso emocional com "processo de evolução do outro".

DESCONSTRUÇÃO

Quem exige de você esforço contínuo para respeitar sua essência já não o ama, apenas o consome.

RECONSTRUÇÃO

O verdadeiro amor não testa, ele alinha; não desgasta, e sim consolida.

HÁBITO

Pergunte-se: "O que nessa relação está me ensinando a suportar o que Deus já me ensinou a não aceitar?".

VERDADE OCULTA

Onde há teste demais, já não há mais verdade.

"O que sustenta o vínculo não é o afeto, é a honra."

- Lucas Scudeler

PRINCÍPIO 74

Amor de verdade não precisa de esforço contínuo para existir, precisa de decisão sincera para ser mantido

Você aprendeu que amor é esforço. É fazer dar certo a qualquer custo. Mas o que é real não exige tanta ginástica emocional. O que é real exige presença e escolha – não labuta afetiva.

ANÁLISE

Sua ideia de amor está mais próxima de superação do que de aliança.

DESCONSTRUÇÃO

Se você precisa lutar o tempo todo para manter, talvez esteja lutando contra o fim que o céu já permitiu.

RECONSTRUÇÃO

Presença verdadeira não exige esforço para continuar. Só decisão e constância.

HÁBITO

Reflita: "O que eu venho tentando sustentar com esforço, mas que deveria ser fluido pela presença?".

VERDADE OCULTA

Se está custando sua paz, talvez já tenha custado a aliança.

"A bênção do Senhor traz riqueza, e ele não permite que a tristeza a acompanhe."

– Provérbios 10:22

PRINCÍPIO 75

Quem ainda precisa ser convencido de que você é bom já revelou que não tem estrutura para te reconhecer

Você insiste, explica, mostra o seu valor. Mas quem precisa de prova não tem estrutura para te ver. O problema não é falta de valor – é falta de visão do outro. E quem não enxerga sua essência vai sempre pedir um espetáculo de você.

ANÁLISE Você ainda está tentando se provar para alguém que não tem os olhos certos para o que você carrega.

DESCONSTRUÇÃO Você não nasceu para convencer, nasceu para sustentar presença.

RECONSTRUÇÃO Seu valor é evidência para os que têm discernimento – não discurso para os que vivem na cegueira emocional.

HÁBITO Escreva: "A quem eu ainda insisto em provar meu valor?". Responda e depois queime o papel. Esse ciclo precisa morrer.

VERDADE OCULTA Quem carrega verdade não convence, e sim presencia.

"Seus olhos são como uma lâmpada que ilumina todo o corpo. Quando os olhos são bons, todo o corpo se enche de luz."

– Mateus 6:22

PRINCÍPIO 76

Se você precisa controlar tudo para manter a relação, já perdeu

Você monitora, calcula, revisa o que fala, antecipa reações. Acha que está "cuidando do vínculo". Mas controlar é sinal de que o amor já não repousa. Amor que precisa ser vigiado já está em agonia.

ANÁLISE

Você desenvolveu hipervigilância emocional como resposta a perdas passadas, mas isso virou prisão.

DESCONSTRUÇÃO

Controle é medo com aparência de zelo. Quem ama com medo não está amando, está se protegendo de um fim anunciado.

RECONSTRUÇÃO

Relação saudável respira liberdade com consciência, não sufocamento com justificativa.

HÁBITO

Faça um jejum de controle: por 24 horas, permita-se apenas observar – sem interferir, cobrar ou se explicar. Veja o que emerge.

VERDADE OCULTA

O que exige monitoramento para continuar já declarou falência emocional.

"O perfeito amor afasta todo medo."

– 1 João 4:18b

PRINCÍPIO 77

A pessoa certa não vai pedir menos presença, mas vai lembrar a sua missão

Você tem medo de amar e perder o foco. Mas o que é certo não o dispersa, e sim o ancora. A pessoa alinhada não te tira do altar, e sim ajuda a sustentar o que o céu confiou a você.

ANÁLISE

Você já amou quem te desligava de si. Agora, você precisa aprender a amar quem te devolve ao propósito.

DESCONSTRUÇÃO

Relacionamento que exige desconexão da sua missão é cilada disfarçada.

RECONSTRUÇÃO

A aliança certa não exige performance – ela convida à lembrança espiritual do que você veio fazer.

HÁBITO

Escreva: "Com quem minha presença fica mais limpa? E com quem ela fica mais carente?". Reflita.

VERDADE OCULTA

O certo não rouba foco, e sim ajuda a mirar melhor.

"Aqui está uma regra: nunca puna seu parceiro por fazer algo que você deseja que ele continue fazendo. Especialmente se aquilo exigiu coragem real — algo que foi além do esperado."

– Jordan Peterson

PRINCÍPIO 78

Você está escolhendo um campo que te fortalece ou só alguém que te faz companhia?

Você chama de amor o que só preenche o silêncio. Mas presença sem alinhamento não é aliança – é distração. Você precisa parar de se ocupar com quem não fortalece a caminhada.

ANÁLISE	Seu medo da solidão ainda opera como critério oculto. Você confunde ocupação com afeto.
DESCONSTRUÇÃO	Estar com alguém não é o mesmo que estar em aliança.
RECONSTRUÇÃO	Escolha alguém que te empurre para o propósito – não apenas que te distraia da dor.
HÁBITO	Reflita: "Essa pessoa soma ou apenas preenche espaço?". Depois, ore: "Senhor, fortalece em mim o discernimento".
VERDADE OCULTA	Você não precisa de companhia, precisa de alguém que ande ao seu lado sem que você precise se diminuir para isso.

"A amizade perfeita é a amizade de pessoas boas e semelhantes em virtude; pois desejam o bem uma à outra como bem real, e são boas em si mesmas."

– Aristóteles

PRINCÍPIO 79

O céu não confirma aliança nos pontos em que você já sabe que está se desviando da sua essência

Você tenta orar mais. Sentir mais. Mas a alma já está inquieta. E o Espírito já silenciou. Deus não confirma quando você precisa se desligar de si para continuar. O desconforto constante é o aviso antes do colapso.

ANÁLISE Você ainda usa a espiritualidade para tentar manter o que o céu já pediu para encerrar.

DESCONSTRUÇÃO Se você precisa se calar para continuar, já saiu do lugar de governo.

RECONSTRUÇÃO O Espírito não grita. Mas ele avisa e espera que você tenha ouvidos para obedecer.

HÁBITO Pergunte: "Se essa relação fosse para durar, por que a minha alma precisaria ser silenciada para ela continuar?".

VERDADE OCULTA O Espírito sussurra antes de permitir o colapso.

"Permitam que a paz de Cristo governe o seu coração."

– Colossenses 3:15a

PRINCÍPIO 80

Quando a escolha é certa, você não precisa performar, apenas sustentar

Você já fingiu ser mais. Já encenou para ser escolhido. Já se adaptou para caber. Mas agora aprendeu que quem carrega verdade não precisa performar. Basta estar inteiro.

ANÁLISE

Seu histórico de rejeição construiu uma *persona* afetiva. Mas toda performance exige esforço – e rouba a paz.

DESCONSTRUÇÃO

Você não precisa ser a versão ideal. Só precisa sustentar sua verdade com lucidez e presença.

RECONSTRUÇÃO

O amor certo reconhece e descansa.

HÁBITO

Escreva: "Com quem eu me sinto inteiro, mesmo sem esforço?". Reflita e escolha manter esse padrão.

VERDADE OCULTA

Amor legítimo não exige performance. Exige presença sincera.

"Muito pouco é necessário para fazer uma vida feliz; está tudo dentro de si, na sua forma de pensar."

– Marco Aurélio

Você chegou até aqui. E isso já diz muito.

Mas não confunda clareza com conclusão: saber o que precisa ser feito não é o mesmo que fazer.

A escolha real se confirma nas pequenas ações invisíveis. Na conversa que você evita, mas sabe que precisa ter. No limite que você nunca impôs, mas que agora vai manter. Na presença que você promete e cumpre.

Se hoje você entendeu o que precisa largar, ótimo. Agora largue.

Se entendeu o que precisa começar, melhor ainda. Então comece.

Simples – mas não fácil.

É nesse lugar – entre a dor da renúncia e o poder do comprometimento – que nasce a sua versão que você ainda não conhece, mas que vai lhe agradecer por ter tido coragem de escolher.

E se ainda existir dúvida, lembre: não escolher também é uma escolha. E ela cobra caro.

A hora de se posicionar como adulto na sua própria vida é agora. Quem adia se abandona.

PORTAL

A ALIANÇA

Compromisso é interno. Aliança é entre dois.

Você pode decidir estar comprometido, mas uma aliança só acontece quando duas consciências decidem caminhar lado a lado, com entrega, com responsabilidade, com verdade.

Esta seção trata de reconhecer o outro como parte da sua jornada – não como um acessório que pode ser trocado quando a emoção esfria, mas como um espelho que revela partes suas que você nem sabia que existiam.

Uma aliança real não se baseia em promessas bonitas, mas em presença constante, em acordos claros, em valores alinhados. Ela exige coragem para se mostrar de verdade, e maturidade (especialmente nos dias difíceis) para sustentar o que foi acordado.

A aliança não é uma prisão. É uma escolha consciente de liberdade compartilhada. É o espaço onde vulnerabilidade encontra estrutura e onde o amor não é mais só sentimento – é direção.

Aqui, você vai entender o que separa um casal de dois indivíduos apenas convivendo, e o que transforma uma relação em legado.

Porque quando duas pessoas conscientes se unem de verdade, elas deixam de ser apenas pares e se tornam força criadora.

Prepare-se para revisitar o que você entende por parceria e para descobrir o que realmente significa estar com alguém – por inteiro.

PRINCÍPIO 81

Você não foi feito para viver com quem te ama só quando tudo está leve

Há quem ame sua versão leve, brincalhona, tranquila. Mas quando a sua evolução pede reestruturação, eles se afastam. O amor real começa onde termina o conforto e começa o pacto de permanência sincera, mesmo nos dias em que crescer dói.

ANÁLISE

Você foi condicionado a associar amor à leveza. Por isso, toda tensão saudável parece ameaça, e não expansão.

DESCONSTRUÇÃO

Amor que só ama enquanto tudo está fácil não é amor: é afeto condicionado a um clima.

RECONSTRUÇÃO

A verdadeira aliança sustenta presença quando sua expansão ameaça o equilíbrio antigo.

HÁBITO

Reflita: "Com quem eu me senti amado só até o momento em que comecei a crescer?".

VERDADE OCULTA

Se a presença do outro não suporta sua evolução, não é amor. É apego travestido de cuidado.

"O amigo é sempre leal, e um irmão nasce na hora da dificuldade."

– Provérbios 17:17

PRINCÍPIO 82

Amar de verdade é suportar o peso do outro sem carregar a dor dele como identidade

Você aprendeu que amar é se entregar por inteiro. Mas, às vezes, isso se tornou sinônimo de adoecer com o outro. O amor maduro não apaga a si para acolher. Ele sustenta, mas não se contamina.

ANÁLISE

Sua empatia sem filtro virou passaporte para a fusão emocional – onde você deixa de existir para "cuidar".

DESCONSTRUÇÃO

Acolher o outro não exige se anular. Aliança não é absorção, é sustento sincero.

RECONSTRUÇÃO

Amar com maturidade é apoiar sem adoecer, cuidar sem sumir.

HÁBITO

Escreva e reflita: "O que venho chamando de cuidado, mas é só excesso de invasão emocional disfarçada?".

VERDADE OCULTA

Aliança madura respeita a dor do outro sem adoecer com ela.

"Ajudem a levar os fardos uns dos outros e obedeçam, desse modo, à lei de Cristo."

– Gálatas 6:2

PRINCÍPIO 83

Relacionamento saudável não é ausência de conflito, é presença de alinhamento mesmo no atrito

Você acha que brigar é sinal de falha, mas toda relação viva enfrenta atritos. O que define a maturidade da aliança não é a ausência de embate, e sim o que permanece depois dele.

ANÁLISE Você confunde estabilidade com silêncio absoluto, quando ela é alicerce fortalecido pela fricção.

DESCONSTRUÇÃO Conflito não destrói vínculos sólidos, apenas revela o que está desalinhado.

RECONSTRUÇÃO Aliança espiritual se mede pela reconciliação rápida e coerente, não pela ausência de desacordo.

HÁBITO Liste: quando foi a última vez que você teve uma discussão com verdade e ainda assim houve respeito?

VERDADE OCULTA O atrito que revela é melhor que a paz que mente.

"A repreensão franca é melhor que o amor escondido."

– Provérbios 27:5

PRINCÍPIO 84

Quando a missão é clara, a vaidade diminui

Você discute, compete, exige. Mas o problema não é o outro. É a missão esquecida. Casal em aliança não disputa papel, divide carga. Quando o propósito é visível, o ego perde espaço.

ANÁLISE Você ainda tenta vencer dentro da relação, em vez de proteger o que estão construindo juntos.

DESCONSTRUÇÃO Não há lugar para vaidade onde a missão está governando.

RECONSTRUÇÃO A aliança correta redireciona o ego antes que ele destrua o vínculo.

HÁBITO Escreva e reflita: “Qual necessidade minha está competindo com a missão que quero construir?”.

VERDADE OCULTA Amor com propósito cura o ego antes que ele destrua a relação.

“Se o Senhor não constrói a casa, o trabalho dos construtores é vão.”

– Salmos 127:1a

PRINCÍPIO 85

Aliança não é encaixe emocional, é pacto espiritual sustentado por decisão consciente

Você espera sentir para então agir. Espera estar leve para então se doar. Mas aliança é pacto, não performance emocional. É decisão sustentada com presença, até quando a emoção some.

ANÁLISE Você foi condicionado a se mover pela química, mas química não sustenta altar.

DESCONSTRUÇÃO Aliança que depende do clima já declarou instabilidade espiritual.

RECONSTRUÇÃO Amor que vem do céu é sustentado pela decisão, não pelos ânimos do momento.

HÁBITO Faça um jejum emocional, com 24 horas sem exigir reciprocidade. Apenas sustente a presença.

VERDADE OCULTA A presença que permanece depois que a emoção acaba é o ponto de partida do vínculo verdadeiro.

"O amor nunca desiste, nunca perde a fé, sempre tem esperança e sempre se mantém firme."

– 1 Coríntios 13:7

PRINCÍPIO 86

Quem está em aliança aprende a se corrigir antes de cobrar

Você aponta, critica, exige. Mas quem ama com maturidade sabe que a correção começa dentro de cada um. Na aliança, o que sustenta o ambiente não é a cobrança, é a postura de quem governa o próprio campo antes de invadir o do outro.

ANÁLISE

Seu impulso de corrigir o outro é, na verdade, uma tentativa de equilibrar a sua própria desorganização emocional.

DESCONSTRUÇÃO

A urgência de apontar o erro do outro denuncia a negligência com o seu próprio alinhamento.

RECONSTRUÇÃO

Quem se posiciona no Espírito, primeiro limpa o próprio altar. Depois, convida o outro com presença – não com crítica.

HÁBITO

Pergunte-se: "Eu sustentei o ambiente antes de apontar o erro?". Se a resposta for não, recomece por você.

VERDADE OCULTA

Quem se responsabiliza primeiro cura antes.

"Por que você se preocupa com o cisco no olho de seu amigo enquanto há um tronco em seu próprio olho?"

– Mateus 7:3

PRINCÍPIO 87

Amar alguém não é moldá-lo à sua imagem, é revelar o que Deus plantou nele antes de você chegar

Você tenta ensinar, modelar, transformar o outro. Mas amor não é escultura de barro, é jardinagem sagrada. O que está em aliança intercede mais do que corrige, serve mais do que dirige.

ANÁLISE

Você confunde cuidado com controle, e missão conjunta com moldagem unilateral.

DESCONSTRUÇÃO

Transformar o outro à força é colocar o seu ego no trono da relação.

RECONSTRUÇÃO

Amar de verdade é proteger o que o céu já desenhou, não reescrever a identidade do outro.

HÁBITO

Escreva e reflita: "Qual parte do outro eu tento mudar por desconforto, não por alinhamento espiritual?".

VERDADE OCULTA

Aliança não é domínio. É mordomia da alma alheia.

"Como o barro está nas mãos do oleiro, vocês estão em minhas mãos."

– Jeremias 18:6

PRINCÍPIO 88

Quem sustenta aliança aprendeu a ser fiel ao que constrói, mesmo quando o outro ainda está fraco

Você quer presença mútua, constância, força. Mas a aliança se revela nos dias em que só um consegue sustentar. Amar com estrutura é saber carregar o campo enquanto o outro ainda está curando as pernas.

ANÁLISE

Você quer reciprocidade imediata, mas maturidade afetiva exige fôlego espiritual para sustentar enquanto o outro ainda se encontra.

DESCONSTRUÇÃO

Se você desiste no primeiro sinal de oscilação, o que havia era conveniência, não pacto.

RECONSTRUÇÃO

Quem ama a missão não desiste por cansaço e sabe quando parar, mas também sabe quando sustentar.

HÁBITO

Escreva e reflita: "Com quem eu fui embora por cansaço, não por discernimento?".

VERDADE OCULTA

A fidelidade real começa quando o outro ainda não se dá conta, mas você já entendeu para onde estão indo.

"Quem pode ser verdadeiramente fiel nas grandes coisas, se não aprendeu a ser fiel nas pequenas coisas do dia a dia?"

– Dietrich Bonhoeffer

PRINCÍPIO 89

Amar é renunciar, mas só o que não corrompe sua verdade

Você ouviu a vida inteira que amar é ceder. Mas ceder o que te torna alguém inteiro não é amor – é desvio. Renúncia espiritual acontece quando o que se entrega fortalece o propósito. O que te enfraquece, por outro lado, precisa ser confrontado.

ANÁLISE

Você vem se apagando para sustentar vínculos frágeis e chamando isso de maturidade.

DESCONSTRUÇÃO

Toda renúncia fora de alinhamento espiritual se transforma em ressentimento adiado.

RECONSTRUÇÃO

A renúncia verdadeira fortalece os dois. A renúncia disfuncional adoece os dois.

HÁBITO

Pergunte-se: "O que eu tenho deixado de lado que está me matando por dentro?". Corrija isso hoje.

VERDADE OCULTA

Renúncia saudável honra a missão. Renúncia tóxica mata o mensageiro.

"O começo do amor é a vontade de permitir que aqueles que amamos sejam perfeitamente eles mesmos, a decisão de não torcê-los para se encaixarem na nossa imagem."

– Thomas Merton

PRINCÍPIO 90

A aliança só começa depois que o ego aceita ser corrigido sem perder o amor

Você se retrai quando confrontado. Mas a verdadeira união nasce quando a correção é acolhida sem perda de presença. A maturidade de um casal não está na ausência de falhas, está na capacidade de ser moldado sem se endurecer.

ANÁLISE

Seu orgulho ainda confunde confronto com rejeição.

DESCONSTRUÇÃO

Se você precisa da perfeição para amar, ainda está no campo da projeção, não da aliança.

RECONSTRUÇÃO

Quem ama no Espírito permite-se ser corrigido e melhora com isso.

HÁBITO

Pratique ouvir uma crítica sem se defender. Apenas diga: "Eu recebo". Depois reflita em oração.

VERDADE OCULTA

Aliança verdadeira não fere com ego. Cura com estrutura.

"Instrua o sábio, e ele crescerá na sabedoria; ensine o justo, e ele aprenderá ainda mais."

– Provérbios 9:9

PRINCÍPIO 91

Aliança não se prova com palavras, e sim se revela naquilo que se sustenta quando ninguém está olhando

Promessas são belas. Mas alianças verdadeiras não se sustentam no que é dito, e sim no que permanece sem anúncio. Quando ninguém está olhando, a fidelidade não muda. A presença continua. O amor não precisa de plateia para existir.

ANÁLISE

Você ainda mede segurança pela frequência dos elogios, e não pela constância da presença.

DESCONSTRUÇÃO

Amor que precisa ser reafirmado o tempo todo ainda vive no campo da insegurança emocional.

RECONSTRUÇÃO

O que se sustenta no silêncio revela o que realmente foi selado no espírito.

HÁBITO

Pergunte-se: "O que essa aliança continua sustentando, mesmo quando não está sendo aplaudida?".

VERDADE OCULTA

A presença silenciosa no cotidiano vale mais do que as promessas feitas em dias de paixão.

"Se forem fiéis nas pequenas coisas, também o serão nas grandes."

– Lucas 16:10a

PRINCÍPIO 92

Amar não é ter razão, é ter raiz

Você discute para vencer. Mas a raiz de uma aliança não está no argumento mais forte, está no vínculo que não se quebra mesmo quando o ego quer falar mais alto. O amor maduro prefere restaurar a vencer.

ANÁLISE

Sua necessidade de provar que está certo muitas vezes ultrapassa a necessidade de curar o vínculo.

DESCONSTRUÇÃO

Quem ama para vencer desrespeita o campo. Quem ama para curar sustenta o ambiente mesmo sob tensão.

RECONSTRUÇÃO

Escolha o vínculo, não a vaidade. O céu honra quem prefere paz com verdade à razão com orgulho.

HÁBITO

Em silêncio, pergunte-se: "Eu quero consertar ou quero me vingar com palavras bonitas?".

VERDADE OCULTA

Quem está enraizado não precisa vencer discussão, precisa sustentar conexão.

"A raiz da sabedoria é temer ao Senhor, e o fruto é vida longa em paz."

– Eclesiástico 1:20

PRINCÍPIO 93

A espiritualidade da aliança se mede pela velocidade com que você perdoa, não com a que você acerta

Você quer ser impecável, perfeito, justo. Mas toda aliança forte tem espaço para falhas e precisa da Graça para continuar. O Espírito não exige perfeição, mas sim a capacidade de limpar rapidamente o campo da mágoa.

ANÁLISE Você adia o perdão achando que isso o protege, porém esse adiamento acaba por ser sua prisão que se alonga.

DESCONSTRUÇÃO Guardar mágoa é manter lixo emocional no altar.

RECONSTRUÇÃO A prontidão em perdoar revela o quanto você entende que o amor maduro é feito de reconciliação, não de perfeição.

HÁBITO Hoje, libere alguém internamente, mesmo sem justificativa. Diga em oração: "Está limpo. Vamos em frente".

VERDADE OCULTA Quem ama mais perdoa mais rápido.

"Perdoem e serão perdoados."

– Lucas 6:37c

PRINCÍPIO 94

A verdadeira união não acontece quando os dois se amam igual, e sim quando os dois se alinham com Deus no tempo certo

Você espera reciprocidade imediata. Mas o amor que floresce sob o céu é assimétrico na forma, mas idêntico no destino. Um sustenta, o outro se reconstrói. Um ora, o outro tenta. E aos poucos, ambos se alinham.

ANÁLISE

Você tem medo de dar mais, de carregar mais, porque aprendeu que isso o torna vulnerável.

DESCONSTRUÇÃO

Medir a aliança pelo esforço igual é infantil. O céu mede pela fidelidade à construção.

RECONSTRUÇÃO

Quando ambos estão debaixo da mesma missão, o tempo corrige os desequilíbrios.

HÁBITO

Pergunte-se: “Eu estou disposto a continuar mesmo quando o outro ainda está aprendendo a permanecer?”.

VERDADE OCULTA

Amor maduro é intercessão antes de ser cobrança.

“Ajudem a levar os fardos uns dos outros e obedeçam, desse modo, à lei de Cristo.”

– Gálatas 6:2

PRINCÍPIO 95

Você não precisa estar sempre certo, precisa estar sempre presente

Você se afasta quando não é compreendido. Mas a ausência, mesmo silenciosa, fere mais do que qualquer erro. Amar é continuar ali – inteiro, acessível, visível. A presença firme cura muito mais do que o argumento perfeito.

ANÁLISE
Você ainda usa o distanciamento como defesa, porém isso afasta a cura e aprofunda o abismo.

DESCONSTRUÇÃO
Você não precisa ser bem interpretado o tempo todo, precisa apenas permanecer como lugar seguro.

RECONSTRUÇÃO
Presença sincera cura até onde o discurso falha.

HÁBITO
Toque no braço do outro durante um desacordo. Apenas diga: "Eu estou aqui. Vamos resolver".

VERDADE OCULTA
Quem está inteiro não precisa se retirar para se proteger.

"Deus é nosso refúgio e nossa força, sempre pronto a nos socorrer em tempos de aflição."

– Salmos 46:1

PRINCÍPIO 96

Amar alguém com maturidade é tratá-lo como altar, mesmo quando ele ainda está se reconstruindo

Você quer o outro inteiro, pronto, resolvido. Mas amor maduro não exige perfeição antes da honra. Quem ama com estrutura trata o outro como altar – não pela forma, mas pelo destino que carrega.

ANÁLISE

Sua exigência por prontidão total pode estar escondendo medo de se entregar em processo.

DESCONSTRUÇÃO

Você não precisa esperar o outro estar pronto para tratá-lo com reverência. A aliança santifica o processo.

RECONSTRUÇÃO

O campo só floresce quando há honra antes da conclusão e presença mesmo na bagunça.

HÁBITO

Faça algo simples pelo outro hoje – sem que ele tenha feito algo para merecer, sem aviso, só por aliança.

VERDADE OCULTA

O campo sagrado é sustentado por gestos limpos. Não por méritos.

"Amem-se com amor fraternal e tenham prazer em honrar uns aos outros."

– Romanos 12:10

PRINCÍPIO 97

A falta de aliança começa com a pressa e termina na superficialidade

Você quer tudo logo: intimidade, profundidade, eternidade. Mas sem lapidação nada se sustenta. Aliança real é construída como altar: pedra por pedra, silêncio por silêncio.

ANÁLISE

Sua urgência afetiva revela uma tentativa de fugir da dor, em vez de construir verdade.

DESCONSTRUÇÃO

Quem apressa, ignora o fundamento. E o que não tem base cai com o primeiro vento.

RECONSTRUÇÃO

A profundidade que cura exige lentidão. E a lentidão revela o que é verdadeiro.

HÁBITO

Retarde a urgência. Dê um passo a menos hoje – e veja o que se revela no silêncio.

VERDADE OCULTA

Quem apressa o amor acelera a queda.

"Há um momento certo para tudo, um tempo para cada atividade debaixo do céu."

– Eclesiastes 3:1

PRINCÍPIO 98

O que sustenta uma aliança não é quanto o outro o ama, é quanto os dois amam o que estão construindo juntos

Você mede amor pelo afeto recebido. Mas a verdadeira aliança não se firma em sentimentos, e sim em missão compartilhada. O que une duas almas não é o calor do afeto, mas o fogo do propósito.

ANÁLISE

Você ainda busca intensidade, mas se esquece de que legado exige estrutura.

DESCONSTRUÇÃO

O amor sem projeto vira passatempo. O amor com propósito vira altar.

RECONSTRUÇÃO

O casal maduro olha para a frente mais do que um para o outro, porque sabe para onde está indo.

HÁBITO

Escrevam juntos (ou sozinho, se for o caso) e reflitam: "Qual o legado que essa aliança quer deixar?".

VERDADE OCULTA

Quem ama o projeto do céu sustenta até quando o chão treme.

"Também lhes digo que, se dois de vocês concordarem aqui na terra a respeito de qualquer coisa que pedirem, meu Pai, no céu, os atenderá."

– Mateus 18:19

PRINCÍPIO 99

Toda aliança se prova no dia em que um dos dois desaba e o outro permanece

Você teme os dias difíceis. Mas é no colapso que a aliança se revela. Permanecer com firmeza quando o outro afunda é o maior sinal de que você não ama o estado do outro, e sim ama o chamado.

ANÁLISE

Você aprendeu a amar na bonança.
Agora precisa aprender a sustentar quando tudo balança.

DESCONSTRUÇÃO

Se o amor se esconde no caos, nunca foi presença.
Foi performance emocional.

RECONSTRUÇÃO

A permanência no caos é a linguagem da fidelidade espiritual.

HÁBITO

Relembre um momento de colapso.
Quem ficou? Quem sustentou?
Como você reagiu?

VERDADE OCULTA

Quem permanece no caos carrega autoridade para viver o céu a dois.

"Mesmo quando eu andar pelo escuro vale da morte, não terei medo, pois tu estás ao meu lado."

– Salmos 23:4a

PRINCÍPIO 100

A aliança só floresce quando o amor vira decisão – e a decisão vira devoção

Você acha que amar é sentir. Mas quando o sentimento acaba, o que fica? É aí que começa a aliança. Quando o amor já não emociona, mas ainda sustenta, porque virou decisão. E a decisão, quando sincera, se transforma em adoração cotidiana.

ANÁLISE

Sua dependência da emoção ainda governa a forma como você permanece.

DESCONSTRUÇÃO

Amor que precisa ser sentido para continuar ainda é apenas desejo, não é compromisso.

RECONSTRUÇÃO

Quando a decisão se torna culto diário, o relacionamento vira altar.

HÁBITO

Escreva a frase: "Hoje, mesmo que tudo falhe, eu permaneço porque o que carrego não veio de mim, veio do alto".

VERDADE OCULTA

A aliança que permanece é a que foi sustentada como um pacto diante do céu, e não apenas como um desejo diante da carência.

"Uma vez que já não são dois, mas um só, que ninguém separe o que Deus uniu."

– Mateus 19:6

PRINCÍPIO Ω

O amor verdadeiro não se busca: se sustenta

Você não precisa mais correr nem seduzir com frases espirituais. Não precisa mais se esconder atrás de performances emocionais. O amor que tem raiz não precisa de prova. Você o sente. Você o carrega. Você o sustenta mesmo quando o outro ainda não chegou.

Afinal, agora você é o altar. E o altar não corre atrás de nada. Ele permanece aceso.

Foi aqui que tudo começou. E é aqui que tudo retorna.

Você buscava o outro, mas precisava se encontrar. E se encontrou.

Você buscava cura, mas o que recebeu foi uma consagração.

Você buscava respostas, mas Deus lhe deu uma postura.

Agora você não se ajoelha para ser escolhido, e sim se mantém de pé para honrar o que recebeu.

Você não exige que o outro fique, e sim mantém a casa pronta para quem souber chegar.

O amor que vem de Deus não precisa ser perseguido, ele só precisa encontrar um coração que permaneça inteiro enquanto espera.

ANÁLISE

Você achava que o fim da busca seria o encontro com alguém. Mas o fim da busca era o reencontro com a sua presença. Você passou tempo demais tentando ser digno de amor, sendo que tudo que o céu pedia era coerência entre sua fé e sua posição.

DESCONSTRUÇÃO

A tentativa de que te encontrassem acabou servindo como forma de se ocultar de si. Toda corrida emocional é, no fundo, uma fuga do altar que você ainda não ousou assumir. Assim, buscar alguém virou desculpa para não sustentar o que você já carrega.

RECONSTRUÇÃO

Você não precisa mais convencer, precisa permanecer.

Porque o amor verdadeiro reconhece o que é de verdade. Não pelo esforço, mas pela presença consagrada.

O altar não é visto por quem quer. Ele é revelado a quem veio do mesmo céu.

HÁBITO

Pare de procurar e comece a guardar.

Guarde a sua presença. Guarde o campo. Guarde a luz. Ore assim: "Senhor, que eu não perca mais tempo implorando por amor. Que minha vida seja um altar aceso, e que só permaneça quem reconhece a Tua presença em mim".

VERDADE OCULTA

Você não foi chamado para ser amado do jeito certo. Foi chamado para sustentar o campo onde o amor certo desce do céu.

"Pois Deus é Espírito, e é necessário que seus adoradores o adorem em espírito e em verdade."

– João 4:23

Você chegou.

Não à última página, mas ao lugar onde a busca se converte em consciência; onde o eco da ausência se cala – porque finalmente **você voltou para si**.

101 princípios depois, já não resta mais o que buscar. Não porque tudo foi encontrado, mas porque você parou de se abandonar enquanto procurava.

As máscaras caíram. Os ciclos foram nomeados. As lágrimas lavaram o que precisava sair.

Você morreu algumas vezes aqui dentro. E renasceu outras tantas.

Sem aplausos.

Sem testemunhas.

Mas com um altar limpo o suficiente para sentir Deus respirando de volta em você.

Agora, escute: esta não é uma linha de chegada. É um **portal de retorno**.

Retorno à sua essência. Retorno ao amor que você sempre soube existir, mas que não sabia sustentar.

Esse portal não se atravessa com pressa. Ele exige reverência. Entrega. Silêncio.

Aqui termina o personagem. E começa a presença.

Você não precisa mais entender. Não precisa mais resistir. Só **precisa permanecer** – firme, inteiro, visível.

Porque o amor real não reconhece versões. Ele reconhece **presenças consagradas**.

E agora chegou a hora de consagrar a sua.

EPÍLOGO
CONSAGRAÇÃO: O LIVRO QUE NÃO ACABA

Você não terminou um livro, e sim atravessou um território. E como toda travessia verdadeira, algo em você teve que morrer para que o certo pudesse nascer.

Este texto não foi entretenimento. Foi corte. Foi espelho. Foi um altar levantado entre páginas, onde só quem se entregou por inteiro conseguiu passar de um lado para o outro.

Agora, você já não pode mais fingir que não sabe. Não pode mais chamar de confusão o que, no fundo, é só covardia disfarçada. Não pode mais escolher com o vazio, agora que conheceu a frequência do céu.

Você foi limpo. Foi posicionado. Foi realinhado.

E agora carrega a única coisa que ninguém pode roubar de você: a lucidez de quem se tornou altar.

Porque quem carrega altar não implora presença.

E quem foi consagrado não se distrai mais com performance de afeto.

RITUAL FINAL
PARA SELAR NO CORPO O QUE O ESPÍRITO JÁ TESTEMUNHOU

Pegue um copo com água.

Toque a superfície com a ponta dos dedos. Diga em voz sincera: "Que essa água sele em mim o que não pode mais ser apagado".

Agora, com a mão esquerda no peito, afirme com presença: "Eu encerro aqui a era da procura. Eu encerro aqui a era da autoenganação. Eu encerro aqui a era de escolher com medo. E eu me torno agora altar vivo – território disponível apenas para o que vem do alto".

Beba a água em silêncio. Cada gole é um sim.

Um sim para sua missão. Um sim para a sua verdade. Um sim para a vida limpa que começa agora.

Você não é mais o mesmo.

POSFÁCIO
"E SE FOR SÓ VOCÊ?"

E se ninguém vier? E se, depois de tanta cura, tanto filtro, tanta lucidez, você perceber que está pronto, mas que o outro ainda não chegou? E se o altar foi erguido, mas ninguém apareceu com a oferta?

A resposta é simples: você não fez essa travessia para que te escolhessem. Fez para voltar a si. Fez para lembrar que está com Deus o tempo todo.

Este livro não é para o outro. É para tudo o que você construiu por dentro quando parou de implorar por fora.

Você se limpou. Se posicionou. Escolheu. Consagrou. E se ainda estiver só, o importante é que já não está mais incompleto. Você é altar. Você é território. Você é testemunha viva de que o amor não começa com dois, começa com um que tem coragem de sustentar o céu dentro, mesmo em silêncio.

Se ninguém vier, continue sendo altar. Continue sustentando luz. Continue em posição. Porque onde há altar verdadeiro, o fogo não depende mais da chegada do outro – ele desce do céu.

"No mesmo instante, fogo do Senhor desceu do céu e queimou o novilho, a madeira, as pedras e o chão, e secou até a água da valeta."

– 1 Reis 18:38